Kohlhammer

Lindauer Beiträge zur Psychotherapie und Psychosomatik

Herausgegeben von Michael Ermann und Dorothea Huber

Michael Ermann, Prof. Dr. med. habil., ist Psychoanalytiker in Berlin und em. Professor für Psychotherapie und Psychosomatik an der Ludwig-Maximilians-Universität München.

Dorothea Huber, Professor Dr. med. Dr. phil., war bis 2018 Chefärztin der Klinik für Psychosomatische Medizin und Psychotherapie an der München Klinik. Sie ist Professorin an der Internationalen Psychoanalytischen Universität, IPU Berlin, und in der wissenschaftlichen Leitung der Lindauer Psychotherapiewochen tätig.

Eine Übersicht aller lieferbaren und im Buchhandel angekündigten Bände der Reihe finden Sie unter:

https://shop.kohlhammer.de/lindauer-beitraege

Michael Ermann

Psychoanalyse heute

Entwicklungen seit 1975
und aktuelle Bilanz

4., erweiterte und aktualisierte Auflage

Verlag W. Kohlhammer

Dieses Werk einschließlich aller seiner Teile ist urheberrechtlich geschützt. Jede Verwendung außerhalb der engen Grenzen des Urheberrechts ist ohne Zustimmung des Verlags unzulässig und strafbar. Das gilt insbesondere für Vervielfältigungen, Übersetzungen und für die Einspeicherung und Verarbeitung in elektronischen Systemen.

Pharmakologische Daten verändern sich ständig. Verlag und Autoren tragen dafür Sorge, dass alle gemachten Angaben dem derzeitigen Wissensstand entsprechen. Eine Haftung hierfür kann jedoch nicht übernommen werden. Es empfiehlt sich, die Angaben anhand des Beipackzettels und der entsprechenden Fachinformationen zu überprüfen. Aufgrund der Auswahl häufig angewendeter Arzneimittel besteht kein Anspruch auf Vollständigkeit.

Die Wiedergabe von Warenbezeichnungen, Handelsnamen und sonstigen Kennzeichen berechtigt nicht zu der Annahme, dass diese frei benutzt werden dürfen. Vielmehr kann es sich auch dann um eingetragene Warenzeichen oder sonstige geschützte Kennzeichen handeln, wenn sie nicht eigens als solche gekennzeichnet sind.

Es konnten nicht alle Rechtsinhaber von Abbildungen ermittelt werden. Sollte dem Verlag gegenüber der Nachweis der Rechtsinhaberschaft geführt werden, wird das branchenübliche Honorar nachträglich gezahlt.

Dieses Werk enthält Hinweise/Links zu externen Websites Dritter, auf deren Inhalt der Verlag keinen Einfluss hat und die der Haftung der jeweiligen Seitenanbieter oder -betreiber unterliegen. Zum Zeitpunkt der Verlinkung wurden die externen Websites auf mögliche Rechtsverstöße überprüft und dabei keine Rechtsverletzung festgestellt. Ohne konkrete Hinweise auf eine solche Rechtsverletzung ist eine permanente inhaltliche Kontrolle der verlinkten Seiten nicht zumutbar. Sollten jedoch Rechtsverletzungen bekannt werden, werden die betroffenen externen Links soweit möglich unverzüglich entfernt.

4., erweiterte und aktualisierte Auflage 2025

Alle Rechte vorbehalten
© W. Kohlhammer GmbH, Stuttgart
Gesamtherstellung: W. Kohlhammer GmbH, Heßbrühlstr. 69, 70565 Stuttgart
produktsicherheit@kohlhammer.de

Print:
ISBN 978-3-17-044153-8

E-Book-Formate:
pdf: ISBN 978-3-17-044154-5
epub: ISBN 978-3-17-044155-2

*Den Hörern meiner Lindauer Vorlesungen
gewidmet,
denen ich wichtige Anregungen für die Publikation verdanke.*

Inhalt

Vorwort 11

1. Vorlesung
Psychoanalyse nach 1975 13
    Anknüpfung 13
        Das Erbe Sigmund Freuds 13
        Psychoanalyse in den Jahren nach Freud (1940–75)   14
    Der Verlust des Common Ground im letzten Viertel des
    20. Jahrhunderts 15
        Vom Psychoboom zum Freud-Bashing 16
        Die Diversifizierung psychoanalytischer Theorien
        und Konzepte 17
        Die Sorge um den Verlust der verbindenden Basis   20
    Spezielle Entwicklungen in Deutschland 21
        Die Spuren der NS-Zeit 21
        Die 1968er Bewegung und ihre Folgen 23
        Die Normalisierung der psychoanalytischen
        Landschaft 26
        Wissenschaftliche Entwicklungen 28
        Blick auf die Gegenwart 2025 35

2. Vorlesung
Selbstpsychologie und Narzissmus 37
    Selbst und Selbstpsychologie 37
        Kohuts Beitrag zur Psychoanalyse 40
        Behandlung 48
        Bewertung von Kohuts Werk 51

Integration von Ich- und Objektbeziehungs-Psychologie .. 53
    Kernbergs integratives Modell 54
    Kernbergs Narzissmuskonzept 57
    Behandlung 59
    Bewertung 59

3. Vorlesung
Intersubjektivität – das neue Paradigma 61
Was ist Intersubjektivität? 61
    Das intersubjektive Paradigma in der Behandlung 67
    Intersubjektivismus in der Psychoanalyse 69
    Kritik am Intersubjektivismus 69
Einführung in die relationale Psychoanalyse 71
    Vorläufer in der interpersonellen Theorie 71
    Das relationale Modell von Steven A. Mitchell 72
    Behandlung 76
    Bewertung 78
Intersubjektive Ansätze in Deutschland 80
    Übertragung als zirkulärer Prozess 80
    Szenisches Verstehen und Handlungsdialog 82
    Dialektisch-emanzipatorische Beziehungsanalyse .. 84

4. Vorlesung
Neue Einsichten in die Frühentwicklung **85**
Die klassische Auffassung 85
Säuglingsforschung 87
    René Spitz 88
    Margaret Mahler 90
    Daniel N. Stern 95
    Der kompetente Säugling 98
Bindungstheorie 101
    Bowlby und Ainsworth, die »Eltern« der
    Bindungstheorie 102
    Befunde zur Bindungstheorie 104
Folgerungen für die Psychoanalyse 107
    Die Gestaltung der analytischen Situation 108

Der Umgang mit der therapeutischen Beziehung .. 109

5. Vorlesung
Am Beginn des dritten Jahrtausends **111**
    Aktuelle Themen in der Psychoanalyse 111
        Ein Blick in die Gedächtnisforschung 111
        Ein kurzer Blick in Richtung Neurobiologie 118
        Mentalisierung und psychisches Funktionieren 120
        Sterns »Now Moments« 126
    Psychoanalyse am Beginn des 21. Jahrhunderts 127
    Die Attraktivität der Psychoanalyse im
    21. Jahrhundert 131

Anhang **134**
    Abkürzungen 134
    Literaturempfehlungen 134

Literatur **135**

Stichwortverzeichnis **141**

Personenverzeichnis **145**

Vorwort

Dieses Buch schließt an die Bände »Freud und die Psychoanalyse«[1] und »Psychoanalyse in den Jahren nach Freud«[2] an, die aus meinen Vorlesungen bei den Lindauer Psychotherapiewochen entstanden sind. Alle drei Bände stellen psychoanalytische Entwicklungen und Konzepte vor dem Hintergrund der Wissenschaftsgeschichte und persönlicher Biografien dar. Sie richten sich an Psychotherapeuten in Ausbildung und Praxis, die eine Einführung in die Entwicklung der Psychoanalyse von den Anfängen bis heute suchen oder ihr Wissen auffrischen wollen.

Dieser Band schildert, wie die Psychoanalyse über die Ich- und Objektbeziehungs-Psychologie hinausgewachsen ist und jetzt mehr und mehr auf ein Denken in gegenwärtigen Beziehungen Bezug nimmt. Damit ist eine fundamentale Änderung der Behandlungspraxis verbunden. Viele Grundhaltungen und Überzeugungen wurden in Frage gestellt, modifiziert oder aufgegeben. Zuwendung, Authentizität und kontrollierte Offenheit bestimmen heute die Begegnung.

Das Buch erörtert Ursprung, Chancen und Gefahren dieser neuen Orientierung, speziell auch mit Blick auf die zeitgenössischen Störungen und Aufgaben, und endet mit einem Blick in die Nachbarwissenschaften und in die gegenwärtige Praxis der psychoanalytischen Behandlungen.

Ich bin meinen Hörern bei den Lindauer Psychotherapiewochen dankbar, die meine Vorlesungen in den Veranstaltungspausen und in anschließenden Seminaren diskutiert haben und mir wichtige Hinweise für die

---

1 Ermann M (2008b); im Folgenden zitiert als **Trilogie I**
2 Ermann M (2009b); im Folgenden zitiert als **Trilogie II**

Bearbeitung gegeben haben. Ihnen widme ich diesen Band. Ebenso bedanke ich mich beim Kohlhammer-Verlag für die verlegerische Betreuung der Publikation.

Berlin, im Frühjahr 2025 *Michael Ermann*

1. Vorlesung
Psychoanalyse nach 1975

Anknüpfung

Das Erbe Sigmund Freuds

Sigmund Freud starb im September 1939, wenige Tage nach Beginn des Zweiten Weltkrieges, im Alter von 83 Jahren im Exil in London. Bis zu seinem Tod war er die unbestrittene Leitfigur und Autorität der Psychoanalyse, unermüdlich in seinem Wirken und Schaffen. Noch in den letzten Lebenstagen arbeitete er an der Vollendung seines Werkes. Dieses umfasste bei seinem Tod ein Corpus von grundlegenden Konzepten, welche vor allem die psychische Tiefendimension des menschlichen Seelenlebens erklärte, d. h. die Motivationen im Hintergrund des Erlebens und Verhaltens. In ihrem Zentrum steht das Konzept des Unbewussten. Es ist das fundamental Neue des Freud'schen Denkens und der Kern der Psychoanalyse.[3]

Freud hat das Konzept des Unbewussten, dem er in verschiedenen psychischen und sozialen Zusammenhängen nachgespürt hat, auf verschiedene Bereiche angewandt:

- auf die Normalpsychologie, d. h. auf die normale Entwicklung und die Funktionen der gesunden Seele,
- auf die Psychopathologie, d. h. auf krankhaft veränderte seelische Vorgänge und die Entstehung von seelisch begründeten Erkrankungen,

---
3 Die Entwicklung bis zu Freuds Tod habe ich in Trilogie I dargestellt.

- auf die Psychotherapie, d.h. auf die Behandlung seelischer Erkrankungen durch Aufklärung der verborgenen Krankheitsprozesse in Gesprächen
- und auf die Sozial- und Kulturtheorie, d.h. auf die Erklärung gesellschaftlicher und kultureller Prozesse.

Freud entwickelte die Psychoanalyse zwischen 1890 und 1925 in verschiedenen Stufen. Dabei gab er seinen Konzepten, vor allem dem Konzept des Unbewussten, verschiedene Fassungen. So stellt das Werk, das er nach seinem Tode hinterließ, kein in sich völlig geschlossenes und widerspruchsfreies Gesamtsystem dar. Es vermittelt aber bedeutende Einsichten und Erkenntnisse in wesentliche Phänomene des Erlebens und Verhaltens in Gesundheit und Krankheit, im Individuellen und im Zwischenmenschlichen, die bis heute gültig sind. Damit hat er wie kaum ein anderer am kulturellen Fortschritt des 20. Jahrhunderts mitgewirkt.

Indem Freuds Autorität zu seinen Lebzeiten die Psychoanalyse völlig beherrschte und er auch wenig Widerspruch duldete, stellte sie bei seinem Tode ein relativ einheitliches Theoriegebäude dar, das von einer ganz auf ihn ausgerichteten Anhängerschaft getragen wurde. Abweichende Auffassungen verstummten, wobei die Einheit der psychoanalytischen Lehre und ihrer Anhängerschaft, der »psychoanalytischen Bewegung«, durch Ausgrenzungen, Abspaltungen und Dissidenz gewahrt wurde. Carl Gustav Jung und Alfred Adler sind die bekanntesten frühen »Dissidenten«, an denen diese Tendenz sich zeigte.

Psychoanalyse in den Jahren nach Freud (1940–75)[4]

Das änderte sich, als Freuds Autorität nach seinem Tod und mit der Ächtung seiner Lehre in ihrem bisherigen Kerngebiet in Mitteleuropa in der Zeit des Nationalsozialismus verblasste. Der größte Teil der Psychoanalytiker, die meisten unter ihnen jüdischer Abstammung, emigrierte. Die Emigranten gründeten vor allem in den USA und in London neue Zentren, die sich nun an den dortigen Gegebenheiten orientierten und

---

4 Trilogie II

sich zunehmend unabhängig von der Wiener Lehre, aber auch unabhängig voneinander entwickelten. So entstanden in den USA die Neopsychoanalyse und die amerikanische Ich-Psychologie und in London die Objektbeziehungstheorie. Beide waren später für die weiteren Entwicklungen hin zu einem psychoanalytischen »Mainstream« maßgeblich. Frankreich blieb von diesen Entwicklungen lange unberührt und entwickelte mit der Strukturalen Psychoanalyse eine ganz eigene Richtung. In Deutschland und Österreich kam es im »Dritten Reich« zu einem weitgehenden Verstummen, während in der politisch neutralen Schweiz starke eigenständige Strömungen bestanden, vor allem die Analytische Psychologie von C. G. Jung und die Daseinsanalyse, die auf Ludwig Binswanger zurückgeht.

Der Verlust des Common Ground im letzten Viertel des 20. Jahrhunderts

Die Kriegs- und Nachkriegsjahre waren über Jahre und Jahrzehnte durch einen geistig-kulturellen Nachholbedarf geprägt, an dem auch die Psychoanalyse partizipierte und der ihr zugleich einen bedeutenden Platz in Forschung und Gesellschaft eröffnete. Psychoanalytiker beteiligten sich an der Bearbeitung der nationalsozialistischen Vergangenheit. Sie halfen bei der Neuordnung des Bildungs- und Sozialsystems. Mit der dynamischen Psychiatrie wurde die analytisch orientierte Behandlung von Psychosen zu einem festen Bestandteil der Gesundheitssysteme. Die Psychosomatik analytischer Provenienz bereicherte das Verständnis der »neuen« Erkrankungen, die seit dem Zweiten Weltkrieg im Zunehmen begriffen waren. Durch systematische Erfolgsuntersuchungen gelang es, der analytischen Psychotherapie öffentliche Anerkennung zu verschaffen. In Deutschland wurde sie 1967 als Pflichtleistung im öffentlichen Gesundheitssystem verankert.

Vom Psychoboom zum Freud-Bashing

Der Aufwärtstrend gipfelte schließlich in einer überraschenden Resonanz für die »Botschaften« der Psychoanalyse im Zusammenhang mit den Revolten und Umbrüchen der sog. 1968er Jahre. Sie wurde plötzlich zu einem der Referenzpunkte für die kritische Generation der Studenten und Intellektuellen. In der Folge gelangte die Psychoanalyse zu einer beachtlichen Blüte. In den kulturellen Zentren boomte das Interesse an psychoanalytischer Literatur. Freud und Wilhelm Reich[5] hatten Konjunktur. In Paris wurde Jaques Lacan zu einem Idol der 68er Bewegung.[6] Psychoanalytisches Gedankengut fand in den öffentlichen Diskursen Niederschlag und befruchtete fast alle Bereiche des öffentlichen Lebens. Das analysefreundliche Klima bestimmte die Gesundheits-, Hochschul- und Wissenschaftspolitik und bewirkte, dass die Psychoanalyse sich in Gesellschaft und Institutionen fest etablierte.

Diese Blüte währte etwa zwei Jahrzehnte, erfasste mit unterschiedlichen Schwerpunkten die meisten westlichen Länder und führte zu einer erheblichen Vermehrung der Psychotherapeuten, welche diverse Ausbildungen absolvierten, und zu einer deutlichen Verbesserung der Versorgungslage. Dann stellte sich eine Wende ein, mit der sich der Wind gegen die Psychoanalyse richtete. Plötzlich galt sie als ineffektiv und in intellektuellen Kreisen als veraltet und rückständig. Wissenschaftstheoretiker wie Karl Popper, Thomas S. Kuhn und Adolf Grünbaum bezweifelten sogar ihren Status als Wissenschaft.[7] Es entstand ein regelrechtes Freud-Bashing, das sich in regelmäßigen Auslassungen in den Journalen und Magazinen wie dem *Spiegel*, der *Zeit* oder *Newsweek* Ausdruck verschaffte.

Erst eine gewisse Anerkennung durch die Neurowissenschaften in den 1990er Jahren, zu der der US-amerikanische Nobelpreisträger Eric Kandel beitrug,[8] und eine regelrechte Medienkampagne anlässlich von Freuds 150. Geburtstag bewirkten wieder eine Neubesinnung auf Freuds Ver-

---

5 Trilogie I, S. 99 f.
6 Trilogie II, S. 94
7 Z. B. Grünbaum A (1984)
8 Kandel ER (2006)

dienste und ließen sein Erbe und die Weiterentwicklungen in einem freundlichen Licht erscheinen.

Abb. 1.1: Freud-Bashing. In den 1980er und 1990er Jahren erschienen regelmäßig kritische und z.T. unsachlich abwertende Artikel gegen die Psychoanalyse, die sich allerdings überwiegend auf damals bereits überholte Teile der Freud'schen Lehre bezogen und die modernen Entwicklungen nicht hinreichend berücksichtigten. Hier: »Zweifel an Freud« im *Spiegel 52/1984* (© Michael M. Prechtl/DER SPIEGEL)

Die Diversifizierung psychoanalytischer Theorien und Konzepte

Die Popularisierung durch die 1968er Bewegung erschien für die Psychoanalyse zunächst förderlich, auch wenn hier und da eine gewisse Entfremdung von ihren Zielen und Methoden zu erkennen war. Sie ging allerdings weniger auf das Konto der Psychoanalytiker selbst. Sie war vielmehr einer unzureichenden Durchdringung ihrer Ideen durch »Laien« geschuldet, die sich ihrer vermehrt bedienten.

Andererseits zeigt sich seit etwa 1975 ein zunehmender Pluralismus der Konzepte, Methoden und Therapieverfahren, die ihr Profil nachhaltig veränderten. Beide Phänomene bestanden nach meiner Auffassung unabhängig voneinander. Die zunehmende Vervielfältigung und Auflösung eines einheitlichen Profils als Wissenschaft und Praxis hängen vor allem mit den folgenden Faktoren zusammen:

- Freuds leitende Konzepte, vor allem die Triebtheorie, die zu seinen Lebzeiten die Grundlage psychoanalytischen Denkens darstellte, vermochte die zunehmende Breite von Indikationen und klinischen Erfahrungen auf Dauer nicht mehr ausreichend abzudecken. Mit der Hinwendung zu neuen Indikationsgebieten, insbesondere mit der Erschließung der frühen und schweren Pathologien, der strukturellen und Persönlichkeitsstörungen, wurde das Gebäude der psychoanalytischen Theorie brüchig.
- Diese Entwicklung wurde durch das Verblassen der Präsenz von Freud eingeläutet, der die Einheit der Psychoanalyse als politisches Ziel mit all seiner Autorität verfolgt hatte. Zudem hatte die Entwicklung in den USA mit ihrer eigenwilligen kulturoptimistischen Interpretation Freuds nicht nur die Neopsychoanalyse hervorgebracht, sondern von Anfang an eine gewisse Distanz zu Freuds genuinem Denken, seiner Libidotheorie und anthropologischen Schriften bewahrt.
- Ein weiterer Grund für die wachsende Pluralität waren die eigenständigen Entwicklungen regionaler Strömungen und autonomer Schulrichtungen in den verschiedenen neuen Zentren der Psychoanalyse, die wegen des Zweiten Weltkrieges lange kaum in Kontakt miteinander standen.
- Es fehlte zudem eine überragende einigende Persönlichkeit. So entwickelten sich die britische Objektbeziehungstheorie und die amerikanische Ich-Psychologie weitgehend unabhängig voneinander, und selbst innerhalb der USA entstanden keine tragfähigen Verbindungen zwischen neueren Richtungen wie der interpersonalen Neopsychoanalyse Sullivans und dem Mainstream der dortigen Entwicklung.

So entstand ein zunehmender Pluralismus. Der gemeinsame Grund zwischen Freudianern und Neopsychoanalytikern, Objektbeziehungspsychologen, Ich-Psychologen und Selbstpsychologen schien sich immer stärker aufzulösen. Das geschah erkennbar ab etwa 1950, als die Psychoanalyse sich vom intrapsychischen zum objektbeziehungstheoretischen Paradigma oder – wie der ungarisch-englische Psychoanalytiker Michael Balint[9] es nannte – von der Ein- zur »Zwei-Personen-Psychologie« wandelte. Diese Wende war mit der Erkenntnis verbunden, dass es neben Triebwünschen weitere Grundbedürfnisse des Menschen gibt, sie sich als Beziehungswünsche zusammenfassen lassen: Wünsche nach Bezogenheit, Sicherheit, Anerkennung und andere objektbezogene Bedürfnisse.

Kasten 1.1: Paradigmen in der Psychoanalyse

- **Bis 1950:** Einpersonales intrapsychisches Modell, Dominanz der Triebpsychologie: Psychische Prozesse als Reaktion auf den biologisch determinierten Trieb
- **Um 1950:** Wende von der Ein- zur Zwei-Personen-Psychologie: Entdeckung der Beziehung als Entwicklungsrahmen
- **Ab 1970:** Interpersonale Wende: Intersubjektivität als Matrix der subjektiven Psyche

---

Seit den 1970er Jahren wurde der gemeinsame Bezug der Psychoanalytiker auf Freuds Metapsychologie immer stärker in Frage gestellt. Es entstanden völlig neue Denkmodelle, die heute unter dem Begriff der *intersubjektiven Ansätze* zusammengefasst werden. Sie lösten sich mehr und mehr von Freuds naturwissenschaftlich-positivistischer Grundposition. Sie suchten den Sinn des menschlichen Verhaltens in unbewussten Bedeutungen unabhängig von jeder biologischen Grundlage. Diese Richtungen verstanden die Psychoanalyse als eine rein psychologische, hermeneutische Wissenschaft.[10] Sie betrachteten die Intersubjektivität, d.h. die zwischenmenschliche Beziehung und Bezogenheit als die Matrix der subjektiven Psyche. Das Selbst wurde nun zunehmend als eine Konstruktion

---

9 Balint M (1949)
10 Zum wissenschaftstheoretischen Verständnis von Positivismus und Hermeneutik in der Psychoanalyse vgl. Körner J (1985)

aus der Beziehung heraus verstanden. Damit entstanden auch die ersten rein interpersonellen bzw. intersubjektivistischen Modelle des psychoanalytischen Prozesses.

Veränderungen so grundsätzlicher Art sind im Allgemeinen schmerzhaft. Sie sind mit untergründigen Loyalitätskonflikten behaftet, bedeuten sie doch Verlust und Abschied von der Führungspersönlichkeit und im Unbewussten vielleicht sogar Vatermord. Hier sei an Freuds frühe kulturtheoretische Schrift *Totem und Tabu*[11] von 1912 erinnert, in der er den Vatermord als zentrales Motiv des Kulturprozesses beschrieben hat. In Deutschland und Österreich war der Abschied von Freud als Vater der Psychoanalyse zudem durch die reale Schuld durch die Vertreibung der Juden belastet, für die auch Freud stand.

Die Sorge um den Verlust der verbindenden Basis

Solch grundsätzliche Veränderungen wie die Relativierung der Triebpsychologie und der Paradigmenwechsel von der Ein- zur Zwei-Personen-Psychologie und schließlich hin zu den interpersonellen Ansätzen stellen das Integrations- und Orientierungsvermögen der Beteiligten auf eine harte Probe. Folgerichtig verbreitete sich in der Psychoanalyse, die sich über Jahrzehnte in besonderer Treue zu Freud befunden hatte, eine zunehmende Krisenstimmung. Die Theoriekrise weitete sich aus zu einer Krise der psychoanalytischen Identität. Was war, was ist Psychoanalyse?

Um 1980 entstand eine ernsthafte Sorge um den Verlust der gemeinsamen Basis. Auf der Höhe dieser Krise stellte Robert Wallerstein in seiner berühmten Eröffnungsrede zum Internationalen Psychoanalytischen Kongress in Montreal 1987 besorgt die Frage, was die Psychoanalytiker denn noch zusammenhält. Wallersteins Antwort war der Bezug auf das, was er (mit George Klein) die »klinische Theorie« nannte: Trotz aller Vielfalt der Konzepte vereint die Psychoanalytiker danach die Konzentration auf die klinischen Interaktionen im Behandlungszimmer, also die Gegenwart des Unbewussten im Hier und Jetzt.[12] Wenn man diese Basis

---
11 Freud S (1930); vgl. Trilogie I, S. 104
12 Wallerstein RS (1988)

mit dem ursprünglichen Anspruch vergleicht, mit dem Freud seine Anhänger zusammengehalten hatte, dann war das ein wahrlich bescheidener *Common ground*.

Doch jede lebendige Wissenschaft muss sich früher oder später von ihren Gründungspersönlichkeiten lösen und über das Gedankengut ihres Stifters hinauswachsen. Wenn das nicht geschieht, droht Verarmung. Das ließe die Entwicklung auf Dauer ersterben.

Heute, mehr als 125 Jahre seit ihrer Gründung, besteht die Psychoanalyse aus einem umfangreichen Gebäude divergierender Theorien, Konzepte und Verfahren, dessen verschiedene Räume und Ausstattungen für den Einzelnen kaum noch zu überblicken sind. Dabei zeigt sich, dass die Suche nach Sinn und Bedeutung in neuester Zeit in eine Polarität zum Bestreben geraten ist, die Befunde möglichst theoriefrei mit Hilfe der Kognitiven Psychologie, der Gedächtnisforschung und der Neurowissenschaften zu objektivieren und zu erklären. Insbesondere die Neurowissenschaften verheißen eine Bestätigung der Freud'schen Positionen aus der Zeit der Anfänge der Psychoanalyse.[13] Damit ergibt sich im 21. Jahrhundert eine Doppelgesichtigkeit der Psychoanalyse als Wissenschaft: Sie verfolgt das Ziel, Verhalten auf naturwissenschaftlich psychologischer Basis zu erklären und zugleich hermeneutisch zu erschließen. Ein reizvoller Ansatz, dessen Umsetzung erste nützliche Erträge liefert.[14]

Spezielle Entwicklungen in Deutschland

Die Spuren der NS-Zeit

Der Zweite Weltkrieg und die Vertreibung der jüdischen Psychoanalytiker deutscher Sprache hatten in Deutschland und Österreich ein Vakuum in der Psychoanalyse zurückgelassen, das nur mühsam zu füllen war.

---
13 Freud S (1950)
14 Ich verweise auf meine Darstellung unter Ermann M (2008a)

Psychoanalytisches Gedankengut wurde unter den Nazis diskriminiert. Die im damaligen Deutschen Reich verbliebenen Analytiker hatten unter dem Dach des nationalsozialistisch geführten »Reichsinstituts für Psychologische Forschung und Psychotherapie« in Berlin, München und Wien mehr oder weniger bereitwillig am Projekt einer »gleichgeschalteten« nationalsozialistisch inspirierten »Deutschen Seelenheilkunde« mitgearbeitet. Die psychoanalytische Theorie und Praxis waren dabei weitgehend ausgeschaltet worden.[15]

Dieses unglückselige Erbe lastete in den Nachkriegsjahren in Deutschland auf der psychoanalytischen Gemeinschaft. Sie war in Fraktionen gespalten, die einander wenig beachteten. Eine Gruppe, die Deutsche Psychoanalytische Vereinigung (DPV), war eng mit der Internationalen Psychoanalytischen Vereinigung (IPV) verbunden und an den klassischen Konzepten von Freud orientiert. Die andere, die Deutsche Psychoanalytische Gesellschaft (DPG), hatte sich lange auf die Neopsychoanalyse des Berliner Psychoanalytikers Harald Schultz-Hencke konzentriert und war dadurch von den internationalen Entwicklungen weitgehend abgeschnitten geblieben. Dazwischen gab es regionale Gruppierungen, die versuchten, eigene Wege zu gehen. Diese Gruppenbildungen schwächten bis in die 1970er Jahre hinein die wissenschaftlichen Weiterentwicklungen. So blieben international bedeutsame wissenschaftliche Beiträge zur Psychoanalyse aus Deutschland praktisch aus.

Dabei scheinen auch Wieder-Aneignungs-Tabus eine Rolle gespielt zu haben, die auf untergründigen Schuldgefühlen auf Grund der Nazi-Vergangenheit Deutschlands und speziell der Psychoanalytiker in Hinblick auf ihr zerstörtes »jüdisches Erbe« beruhen. Diese Tabus scheinen sich auch transgenerational weiter vermittelt zu haben.[16]

---

15 Zur Geschichte im Nationalsozialismus vgl. Trilogie I, S. 98 f., und Trilogie II, S. 112 ff.

16 Zur Geschichte nach 1945, zum Konzept der Neopsychoanalyse sowie zur Bedeutung von Alexander Mitscherlich, Harald Schultz-Hencke, Werner Schwidder und Annemarie Dührssen vgl. Trilogie II, S. 122 ff.; vgl. auch Lockot R (1991)

Die 1968er Bewegung und ihre Folgen

Abb. 1.2: Rudi Dutschke war einer der führenden Köpfe der 1968er Bewegung in Deutschland, die sich ausdrücklich auf das sozialkritische Gedankengut der Psychoanalyse und insbesondere auf Wilhelm Reich und seinen Aufruf zur »Sexuellen Revolution« berief.

Die Umwälzungen der 1968er Bewegung beförderten auch in Deutschland einen »Psycho-Boom«. An den Universitäten hatten psychoanalytische Vorlesungen und Veranstaltungen regen Zulauf. Die Lektüre psychoanalytischer Autoren war en vogue. Dabei berief sich die 68er Bewegung vor allem auf sozialkritisches analytisches Gedankengut. Der am meisten beachtete Autor war Wilhelm Reich, der in den 1930er Jahren die »Sexuelle Revolution«[17] und die »Befreiung vom Autoritätsgehorsam«[18] propagiert hatte. »Lest Wilhelm Reich und handelt danach!« lautete eine der Parolen.

---

17 Reich W (1930)
18 Reich W (1933)

Im Alltag entwickelten die sozialen Initiativen, die insbesondere um den Gießener Psychoanalytiker Horst-Eberhard Richter als soziale Gruppen- und Randgruppen-Projekte[19] entstanden, großen Einfluss. Sie strahlten auf die Lebensgestaltung in den neuen Kommunen und Wohngemeinschaften aus. Psychoanalytisch orientierte Projekte hatten enormen Zuspruch. Die Gruppenbewegung, die größtenteils psychoanalytisch geprägt war, florierte.[20]

Psychoanalyse wurde damals als ein aufklärerischer und emanzipatorischer Ansatz verstanden, der die Therapie zum Bestandteil täglicher gesellschaftlicher Praxis machte. Als solcher erschien sie der inzwischen etablierten Verhaltenstherapie überlegen. Sie schien ihr soziales Potential zurückzugewinnen und drang in den Bereich der Paar-, Familien- und Sozialtherapie vor.

An den medizinischen Fakultäten entstanden psychosomatische Universitätsinstitute, die überwiegend von Psychoanalytikern geleitet wurden. An den psychologischen Instituten und in der Sozialpädagogik wurden Professuren mit Psychoanalytikern besetzt. Das Sigmund-Freud-Institut in Frankfurt setzte Forschungsstandards. Die Ausbildung zum Psychoanalytiker boomte, und auf der Landkarte der Versorgung wurden die weißen Flecken kleiner.

Es kam hinzu, dass die psychoanalytisch begründeten Verfahren und die Verhaltenstherapie 1967 durch die Einführung der Psychotherapie-Richtlinien als Leistungen der gesetzlichen Krankenversicherungen anerkannt wurden. Damit wurde Deutschland zum Vorreiter einer umfassenden Versorgung im Bereich der analytischen Psychotherapie. Die Psychotherapie-Richtlinien schufen Standards. Sie etablierten eine Differenzierung zwischen verschiedenen Anwendungen der Psychoanalyse. Sie schlossen das psychoanalytische Standardverfahren, das durch einen Verzicht auf therapeutische Ziele, lange Dauer und eine hohe Behandlungsintensität gekennzeichnet ist, allerdings aus der öffentlichen Finanzierung aus.

---

19 Richter HE (1974)
20 Richter HE (1972)

Tab. 1.1: Daten zur Entwicklung in der Bundesrepublik Deutschland

1967	Nach Wirksamkeitsstudien am Berliner Institut für psychogene Erkrankungen wird die analytische Psychotherapie (und kurz darauf auch die Verhaltenstherapie) Pflichtleistung der gesetzlichen Krankenkassen in der Bundesrepublik. Die Durchführung der Behandlung wird durch die Psychotherapie-Richtlinien geregelt und auf Ärzte beschränkt, welche psychoanalytisch ausgebildete Psychologen hinzuziehen können (Delegation).
1968	Beginn des »Psychobooms« mit zunehmendem öffentlichen Interesse an Psychoanalyse, vor allem in Studentenkreisen; in der Folge Gründung psychoanalytischer Lehrstühle an den Universitäten Frankfurt a. M. und Kassel
1970	Die Psychosomatische Medizin und Psychotherapie wird Pflichtfach im Medizinstudium an den bundesdeutschen Universitäten. Gründung von Lehrstühlen und Abteilungen für Psychosomatik. Die meisten Lehrstühle werden mit Psychoanalytikern besetzt.
Um 1975	Beginn der Geschichtsdebatte unter den Psychoanalytikern in der Bundesrepublik und der Annäherung zwischen den rivalisierenden Fachgesellschaften
Nach 1980	Mit dem Verblassen der »Studentenbewegung« verliert die Psychoanalyse gegenüber der Verhaltenstherapie an Einfluss an den Universitäten.
1985	Erster Internationaler Psychoanalytischer Kongress nach dem Zweiten Weltkrieg in Deutschland. Thema des Hamburger Kongresses ist Scham und Schuld im Zusammenhang mit dem Nationalsozialismus und dem Holocaust. Gründung der Zeitschrift *Forum der Psychoanalyse* als Brücke zwischen den Fachgesellschaften
1990	In Deutschland tritt das Psychotherapeutengesetz in Kraft, das die Psychotherapie als psychologische Heilkunde schützt und die Ausbildung staatlich regelt.
1992	In der ärztlichen Weiterbildungsordnung wird die Psychotherapeutische Medizin als Fachgebiet (»Facharzt«) verankert, 2003 wird der Name geändert in »Psychosomatische Medizin und Psychotherapie«. Die Psychoanalyse bildet eine Säule in der Ausbildung.
1994	Beginn der deutsch-israelischen »Nazareth-Konferenzen« über die Spuren der NS-Vergangenheit in der Gegenwart

Tab. 1.1: Daten zur Entwicklung in der Bundesrepublik Deutschland – Fortsetzung

1999	Gründung der privaten Internationalen Psychoanalytischen Universität Berlin (IPU) als Reaktion auf die Verdrängung der Psychoanalyse aus der universitären Psychologie
2000	Hundert Jahre Traumdeutung. Freuds Entdeckungen finden nach jahrelanger Freud-Kritik öffentlich wieder Aufmerksamkeit und Anerkennung.
2002	Wiederaufnahme der Deutschen Psychoanalytischen Gesellschaft (DPG) in die Internationale Psychoanalytische Vereinigung zunächst als provisorisches Mitglied, 2009 als Vollmitglied
2006	Aus Anlass des 150. Geburtstages von Sigmund Freud finden an vielen Orten öffentliche Würdigungen statt.
2020	Mit der Reform des Psychotherapeutengesetzes wird die Psychotherapieausbildung für Psychologen von privaten Weiterbildungsstätten an die Universitäten verlagert.

Die Normalisierung der psychoanalytischen Landschaft

So expansiv die Psychoanalyse sich in diesen Jahren auch nach außen gab, so sehr war sie nach innen doch auf die Vergangenheit ausgerichtet – auf die deutsch-jüdische Geschichte im Nationalsozialismus und auf die Verstrickung der Fachgesellschaft in das NS-Regime nach 1938.

In beiden Fachgesellschaften, Deutsche Psychoanalytische Gesellschaft (DPG) und Deutsche Psychoanalytische Vereinigung (DPV), die 1950 aus einer Spaltung der »alten« DPG[21] hervorgegangen waren, brachen Fragen auf nach der Identität »deutscher« Psychoanalytiker angesichts von Scham, Schuld und Verstrickungen. In der DPV entluden sich heftige Emotionen gegen die Gründungsväter von 1950. In der DPG entstand eine »Abrechnung« mit der Neopsychoanalyse, Schultz-Hencke und den

---
21 Trilogie II, S. 112 ff.

eigenen Lehrern. Dahinter wurden Idealisierungen, Enttäuschungen und Selbstzweifel bewusst.

Abb. 1.3: »Hier geht das Leben auf eine sehr merkwürdige Weise weiter« war eine der ersten Dokumentationen, die die Auseinandersetzung in der deutschen psychoanalytischen Community mit der Geschichte ihres Faches im Nationalsozialismus anregte. Sie erschien im Kellner-Verlag zum Internationalen Kongress der IPV in Hamburg 1985, einem Markstein im Kampf um die Anerkennung der Verantwortung für die Vergangenheit.

Mehrere Tagungen in beiden Fachgesellschaften widmeten sich diesen Themen. Beim Internationalen Psychoanalytischen Kongress 1985 in Hamburg konnte der damalige Erste Bürgermeister, Klaus von Dohnanyi, schließlich auf die Frage, »Wie konnte das alles geschehen?« in Bezug auf die Psychoanalyse formulieren: »In der Gefahr, das Ganze zu verlieren, wurde Teil auf Teil geopfert. Ein jeder Schritt rational und zugleich in der falschen Richtung. Hier ein Kompromiss der Personen, dort einer in der Sache: immer im vermeintlichen Interesse des zu bewahrenden Ganzen – das es am Ende nicht mehr gab.« Das war ein Markstein auf dem mühsamen Weg, die eigene Geschichte anzuerkennen, der bis in die neunziger Jahre hineinführte. Er wurde von einer Reihe von Konferenzen begleitet, in denen Psychoanalytiker der beiden deutschen Fachgesellschaften zusammen mit Kollegen aus Israel nach dem Vergangenen in der Gegenwart suchten.

Die Anerkennung einer Geschichte der Verstrickungen und Schuldbelastungen führte zu einer Annäherung zwischen den Fachgesellschaften. Dabei spielte die Gründung der Zeitschrift *Forum der Psychoanalyse* als Brücke zwischen den Fachgesellschaften im Jahre 1985 die Rolle eines Katalysators.[22] Es kam zu einer Normalisierung der Beziehung zur Internationalen Psychoanalytischen Vereinigung. 1949 war die DPG wegen der nationalsozialistischen Vergangenheit von der IPV noch zurückgewiesen worden. Trotzig hatte sie danach die Wiederaufnahme über viele Jahre nicht mehr angestrebt. 2002 wurde sie dann vorläufig wieder in die IPV aufgenommen, 2009 wurde sie wieder Vollmitglied.

Wissenschaftliche Entwicklungen

Wissenschaftlich war die Psychoanalyse in Deutschland auch nach 1970 noch weitgehend damit beschäftigt, den Anschluss an die internationalen Standards zurückzugewinnen und den psychoanalytischen Mainstream zu rezipieren. Die bereits erwähnte Polarisierung zwischen klassischer und Neo-Psychoanalyse und die weitgehende Abschottung zwischen den beiden Fachgesellschaften erschwerten diesen Prozess im gemeinsamen Dialog im eigenen Land und mit dem Ausland.

Horst-Eberhard Richter

Die herausragende Persönlichkeit unter den Psychoanalytikern der 1970er und 80er Jahre war Horst-Eberhard Richter. Als Wissenschaftler und Berufspolitiker nahm er maßgeblichen Einfluss auf die Etablierung der Psychoanalyse an den Universitäten, im Gesundheitssystem und im sozialen Feld. Er war einer der ersten, die psychoanalytisches mit sozial-

---

22 Ermann M (2009a)

psychologischem, soziologischem und systemischem Denken verbanden. Das zeigte sich bereits in seinen ersten Büchern »Eltern, Kind und Neurose«[23] und »Patient Familie«[24]. Dort beschrieb er die neurotische Erkrankung als Symptom einer gestörten Familiendynamik, wobei das schwächste Glied erkrankt und zum Symptomträger wird.

Seine Randgruppenprojekte bildeten einen Anstoß zu einer Gruppenbewegung, die unter starkem Einfluss der Psychoanalyse stand. Damals galt »die Gruppe« – so der Titel seines erfolgreichsten Buches[25] – als zentrales Element im kulturellen Leben. Sie stand für Solidarität und Erneuerung der Gesellschaft und wurde zu *der* neuen Lebensform schlechthin.

Abb. 1.4: Horst-Eberhard Richter (© Günther Gugel)

---

23 Richter HE (1968)
24 Richter HE (1970)
25 Richter HE (1972)

> **Kasten 1.2: Horst-Eberhard Richter (1923–2011)**
>
> Richter wurde am 23.4.1923 in Berlin geboren. Nach dem Abitur war er seit 1941 im Militäreinsatz. 1945 dissertierte er, wurde von den Franzosen aufgegriffen und als »Werwolf« gefangen gehalten. Nach seiner Freilassung erfuhr er von der Ermordung seiner Eltern durch sowjetische Soldaten.
>
> 1943–1949 Studium der Philosophie, Psychologie und Medizin in Berlin und 1957 Promotion zum Dr. med. mit einer Arbeit über Schmerz
>
> 1950–1954 Ausbildung zum Psychoanalytiker am Berliner Psychoanalytischen Institut, das er später (1959–1962) selbst leitete, und zum Facharzt für Neurologie und Psychiatrie
>
> 1952–1962 Leiter einer Beratungs- und Forschungsstelle für seelisch gestörte Kinder und Jugendliche in Berlin
>
> 1962 Berufung auf den Lehrstuhl für Psychosomatische Medizin an der Universität Gießen. Dort Gründung eines psychoanalytischen Ausbildungsinstituts
>
> 1980 Theodor-Heuss-Preis für die maßgebliche Beteiligung an der Reform der deutschen Psychiatrie (»Psychiatrie-Enquête«)
>
> 1992–2002 Leiter des Sigmund-Freud-Instituts in Frankfurt am Main
>
> 2002 Goetheplakette der Stadt Frankfurt am Main für seine »konsequent pazifistische Grundhaltung«
>
> Richter profilierte sich als Psychoanalytiker, Gruppen- und Familienanalytiker und als einer der bedeutendsten Psychosomatiker seiner Zeit. Daneben gewann er auch Ansehen als Sozialpsychologe und So-

zialphilosoph. Er wurde zu einem der führenden Köpfe der deutschen und internationalen Friedensbewegung.

Mehr als 25 Buchtitel, die weite Verbreitung fanden. Darunter 1962 Eltern, Kind und Neurose. Die Rolle des Kindes in der Familie/Psychoanalyse der kindlichen Rolle.

- 1969 Herzneurose (zusammen mit Dieter Beckmann)
- 1972 Die Gruppe
- 2001 Kultur des Friedens

Das Aufkommen des strukturorientierten Ansatzes

In den ersten Jahrzehnten nach dem Krieg war von Alexander Mitscherlich[26] (DPV) und Werner Schwidder[27] (DPG) vor allem die Rezeption der amerikanischen Ich-Psychologie betrieben worden. Die Abwehranalyse war damit zum wichtigsten Orientierungspunkt der Analytiker geworden, die sich nach dem Zweiten Weltkrieg an internationalen Entwicklungen orientierten. Als in den 1970er Jahren auch in Deutschland die Erforschung der ich-strukturellen Störungen und der schweren Persönlichkeitsstörungen in den Vordergrund rückte, entstand eine gewisse Ratlosigkeit. Das Konzept der Abwehranalyse trug nun nicht mehr. Selbst der Widerhall der innovativen Schriften von Heinz Kohut in den USA[28] blieb anfangs begrenzt. Es wurde dann das Verdienst von Hermann Argelander vom Frankfurter Sigmund-Freud-Institut, Kohuts Ideen zum Narzissmus in Deutschland den Boden bereitet zu haben.[29]

Mit dem Ehepaar Anneliese Heigl-Evers und Franz Heigl sowie mit Peter Fürstenau entstanden nach 1970 in Deutschland Modifikationen der psychoanalytischen Technik, die darauf abzielten, defizitäre psychi-

---

26 Trilogie II, S. 111 f.
27 Trilogie II, S. 114 und 118
28 Vgl. 2. Vorlesung
29 Argelander H (1972)

1. Vorlesung Psychoanalyse nach 1975

Abb. 1.5: Das Ehepaar Anneliese Heigl-Evers (1921–2002) und Franz Heigl (1920–2002) sowie Peter Fürstenau (1930–2021) führten mit therapeutischen Techniken für die Behandlung von strukturellen Ich-Störungen die strukturorientierte Psychotherapie in Deutschland ein. (rechts: mit freundlicher Genehmigung von Peter Fürstenau)

sche Strukturen zu substituieren. Obwohl diese Entwürfe innovativ waren, blieb die Resonanz in Fachkreisen begrenzt.

Heigl-Evers und Heigl[30] entwarfen mit der interaktionellen Gruppenpsychotherapie ein Therapiekonzept für die Behandlung von Patienten mit strukturellen Ich-Störungen, d. h. mit basalen Defiziten in der Ich-Entwicklung. Sie entwickelten das Prinzip Antwort, mit dem der Therapeut zum einen Hilfs-Ich-Funktionen ausübt, zum anderen durch gezielte Mitteilung eigener Befindlichkeiten ein reales Gegenüber zur Verfügung stellt, mit dem die Patienten sich identifizieren und ihr Selbst-Konzept erweitern können.

Fürstenau[31] beschäftigte sich in einer bahnbrechenden Arbeit über die zwei Dimensionen in der Behandlung von Patienten mit strukturellen Ich-Defiziten. Er betonte als einen wesentlichen Teil der therapeutischen Arbeit den Aufbau von Ich-Funktionen, indem der Therapeut Defizite substituiert, bis der Patient selbst in der Lage ist, diese Funktionen für sich auszuüben. Das entspricht einer Hilfs-Ich-Funktion des Therapeuten, die seiner analysierenden Funktion zumeist vorangehen muss.

---

30 Heigl-Evers A, Heigl F (1973). Siehe auch: Heigl-Evers A, Heigl F (1988)
31 Fürstenau P (1977)

Das Verblassen der Neopsychoanalyse und der Neubeginn

Die Auseinandersetzung mit der Geschichte im Dritten Reich bewirkte ab etwa 1980, dass die Spaltung der psychoanalytischen Fachgesellschaft von 1950 und die Gruppenbildungen nach dem Zweiten Weltkrieg[32] mehr und mehr als Abwehrreaktionen in Hinblick auf Schuld- und Schamprobleme reflektiert und verstanden wurden. Damit erschien auch die Bindung der DPG an Schultz-Hencke und sein Konzept der Neopsychoanalyse, die zu einer Abschottung gegenüber den Entwicklungen im Ausland geführt hatte, zunehmend fragwürdig.

So kam es in den 1980er Jahren zum Verblassen der Neopsychoanalyse. Es entstand eine gewisse Idealisierung der ausländischen Psychoanalyse und der dort herrschenden Praxis. Viele Analytiker begaben sich insbesondere nach London, aber auch nach Paris, um sich fortzubilden. In dieser Idealisierung steckte beides: die Anerkennung eigener Defizite und das Bedürfnis nach Anlehnung und Identifikation. Damit entstand eine große Bereitschaft zur Übernahme von Konzepten der ausländischen Psychoanalyse.

Kasten 1.3: Rezeption der internationalen Psychoanalyse in Deutschland nach 1970

- Balints und Winnicotts Objektbeziehungstheorie[33] und ihr Ansatz des Umgangs mit der therapeutischen Beziehung fanden in den 1970er Jahren starken Widerhall.
- Bald darauf durchdrangen die Ideen zum Narzissmus von Kohut und das integrative Modell von Kernberg rasch das psychoanalytische Denken und waren lange Zeit leitend.[34]
- Ab 1980 entwickelte sich ein verstärktes Interesse an der Säuglings- und Bindungsforschung.[35]

---

32 Trilogie II, S. 112
33 Trilogie II; vgl. dort auch die Darstellung der Konzepte von Melanie Klein und Wilfred Bion
34 Vgl. 2. Vorlesung
35 Vgl. 4. Vorlesung

- Zugleich fanden Kleinianische Konzepte wie die Projektive Identifikation starken Zuspruch und verankerten das Verständnis der Gegenübertragung auch in Deutschland fest in die Behandlungspraxis.
- Bions Theorie der Transformation von Protomaterial in psychische Repräsentanzen und sein Containermodell veränderten in den 1980er Jahren die Sichtweise des psychoanalytischen Prozesses auch in Deutschland.
- Selbst die Kleinianische Behandlungspraxis mit vier bis fünf Sitzungen pro Woche und die Förderung der tiefen Regression fanden nun Beachtung, obwohl sie kaum mit den Regelungen zu vereinbaren waren, die durch die Psychotherapie-Richtlinien für Deutschland maßgeblich waren.
- Das Verständnis und die Handhabung der Übertragung orientierten sich nun zunehmend am Konzept des Gegenwarts-Unbewussten von Annemarie und Joseph Sandler und an der Übertragungsanalyse von Merton Gill und betonten die Arbeit im Hier und Jetzt.[36]
- Neuerdings stehen die Mentalisierungsprozesse in der Konzeption von Peter Fonagy im Zentrum der Aufmerksamkeit.[37]
- In allerletzter Zeit ist auch ein zunehmendes Interesse an prozeduralen Erfahrungen zu erkennen, die durch den psychoanalytischen Prozess vermittelt werden. Damit rücken ganz aktuell die Beiträge von Antonino Ferro[38] in den Blickpunkt, der die psychoanalytische Begegnung als Feld für Transformationen von Emotionen versteht.

So steht die Psychoanalyse in Deutschland heute wieder im Einklang mit internationalen Entwicklungen, die im Verlauf dieser Vorlesungen deutlicher werden sollen. Sie hat damit eine gewisse Mündigkeit und internationalen Standard zurückerlangt.

---

36 Sandler J (1976); Gill MM (1979); Körner J (1989)
37 Vgl. 5. Vorlesung
38 Ferro A (2003)

Blick auf die Gegenwart 2025

Allerdings befindet sich die Psychoanalyse heute in einem schwierigen gesellschaftlichen Terrain: Der Psychoboom der 1970er Jahre ist längst verblasst und kritische Stimmen in der Wissenschaft und in den Medien betrieben – wie bereits weiter oben beschrieben – über Jahre hinweg ein regelrechtes *Freud-Bashing*.

Im akademischen und wissenschaftlichen Diskurs wurde die Verhaltenstherapie mit der Zeit beherrschend und verdrängte die Psychoanalyse. Sie scheint den Erwartungen der biologischen Psychiatrie, der Psychopharmakologie und der positivistischen akademischen Psychologie besser zu entsprechen als die »sperrige« Psychoanalyse mit ihrem hermeneutischen Grundverständnis. Speziell an den Universitäten sind Einfluss und Ansehen der Psychoanalyse durch das dort vorherrschende einseitig positivistische Wissenschaftsverständnis geschwunden – ja, sie scheint gegenwärtig dort verloren zu sein. Psychologische und psychosomatische akademische Positionen wurden nicht mehr mit Psychoanalytikern nachbesetzt, Professuren wurden herabgestuft oder bleiben vakant. Arbeitsgruppen werden zusammengestrichen. Forschungsgelder stehen für explizit psychoanalytische, d. h. qualitative Forschung kaum zur Verfügung.

Ein wichtiger Markstein in diesem Zusammenhang ist das Psychotherapeutengesetz, das 1990 erstmals die psychotherapeutische Tätigkeit von Psychologen regelte. Konnten diese bis dahin nur im sogenannten Delegationsverfahren in Kooperation mit Ärzten tätig werden, so konnten sie fortan mit einer staatlich anerkannten Ausbildung die Berechtigung zur eigenständigen Berufsausübung als Therapeuten erlangen. Damit verbesserte sich die Versorgungslage nachhaltig.

Eine einschneidende Veränderung brachte die Reform dieses Gesetzes 2020. Es fordert nun vor der psychotherapeutischen Weiterbildung ein Studium im neu geschaffenen multimodalen Studiengang Klinische Psychologie/Psychotherapie an einer Universität. Dieser führt mit der abschließenden Approbationsprüfung zur Behandlungserlaubnis und eröffnet die Möglichkeit, an weiterführenden Instituten eine Weiterbildung im früheren Sinne, z. B. in Psychoanalyse und in tiefenpsychologischer Psychotherapie, zu beginnen.

Diese Regelungen haben den privaten Charakter der psychoanalytischen Ausbildung nachhaltig verändert. Sie zielen auf eine Verbesserung der psychotherapeutischen Versorgung. Dabei ist die Nachfrage nach psychoanalytischer und tiefenpsychologischer Therapie trotz des Zuspruchs vieler Patienten zur Verhaltenstherapie ungebrochen. Inzwischen gilt auch der empirische Nachweis der Effektivität der analytischen und tiefenpsychologischen Therapie als unbestritten, nachdem seit den 1980er Jahren eine Reihe valider Effizienzstudien und Metaanalysen durchgeführt wurden.[39] Damit scheint die Psychoanalyse in Deutschland 75 Jahre nach der Wiedergründung nach dem »Dritten Reich« in einer vergleichsweise sicheren Position, aus der heraus sie sich auch wieder zu einer gesellschaftlich bedeutenden Kraft entwickeln kann.

Allerdings muss die Tatsache nachdenklich stimmen, dass Interessenten für psychoanalytische Theorie und Praxis immer häufiger kurzfristige Ausbildungen oder Ausbildungen für verkürzte psychoanalytische Verfahren bevorzugen. Neben Erwägungen des finanziellen und zeitlichen Aufwands mag dabei auch der »Zeitgeist« eine Rolle spielen, der das schnell Machbare bevorzugt.[40] Hier ist die Psychoanalyse aufgerufen, ihre Ausbildungsgänge zu durchforsten und zeitgemäß umzugestalten. Dennoch muss man sich bei aller selbstkritischer Haltung auch fragen: Wo, wenn nicht im Denken solide ausgebildeter Psychoanalytiker, soll denn künftig die Weiterentwicklung der Psychoanalyse als Grundlagenwissenschaft stattfinden, und wo sollen denn neue Konzepte erarbeitet werden, die dann später in der Praxis Anwendung finden sollen?

---

39 Zusammenfassend: Töpfer N (2023). Siehe auch: Waldvogel B, Ermann M (2006)
40 Ermann M (1996)

2. Vorlesung
Selbstpsychologie und Narzissmus

Selbst und Selbstpsychologie

Das Selbst wurde ursprünglich um 1930 gleichsam als Nebenprodukt der amerikanischen Ich-Psychologie von Heinz Hartmann[41] in die Psychoanalyse eingeführt. Hartmann beschrieb damit ein übergreifendes psychisches System, vergleichbar dem Es und dem Über-Ich. Es umfasst die Vorstellungen von der eigenen Person und entsteht im Wesentlichen aus Identifikationen. Das Konzept des Selbst ist also am Anfang eine Erweiterung von Freuds Strukturtheorie.

Durch die Schriften von Heinz Kohut in den 1970er Jahren wurde das Selbst in diesem Sinne zum Angelpunkt für das Verständnis einer grundlegend neuen Sichtweise der Psychopathologie und der Behandlungsstrategie. Neben die Ich-Psychologie trat die Selbstpsychologie. Dabei bestand Kohuts Absicht anfangs lediglich darin, die traditionelle Metapsychologie zu ergänzen. An die Gründung einer eigenen selbstpsychologischen Schule hatte er nicht gedacht.

Diese entstand erst mit seiner Auffassung, dass das Selbst eine eigenständige Entwicklung nimmt und eigenen psychologischen Prinzipien folgt, die einen bedeutenden Teil der Pathologie von psychischen Störungen erklärt. Diese beruht auf Beeinträchtigungen der Selbstregulation. Das bedeutet, dass Störungen, die Kohut »narzisstische Neurosen« nannte, auf ein basales Gefühl der Gefährdung zurückzuführen sind, das in einem labilen Selbstbild und Selbstwertgefühl gründet.

---

41 Hartmann H (1939)

Kohut erkannte, dass Beziehungspersonen aus selbst-psychologischer Perspektive die Funktion haben, ein narzisstisch labiles Selbst zu stabilisieren. Er nannte diese Funktion die Verwendung als Selbstobjekt und unterschied sie grundsätzlich von der als libidinöses Objekt der Triebwünsche. Bei der Betrachtung narzisstischer Störungen spielt die Triebpsychologie aus dieser Sicht eine immer geringere Rolle.

Abb. 2.1: Heinz Kohut

Kasten 2.1: Heinz Kohut (1913–1981)

Kohut wurde 1913 als einziger Sohn einer etablierten jüdischen Wiener Familie geboren. Sein Vater war Konzertpianist, der seine Karriere im Ersten Weltkrieg aufgeben musste. Seine Mutter war eine begabte Sängerin.

Als junger Mann machte er eine Analyse bei August Aichhorn, später in den USA eine Lehranalyse bei Ruth Eissler.

Bald nach Abschluss seines Medizinstudiums in Wien (1938) emigrierte er 1939 nach London, wo er seine psychoanalytische Ausbildung begann.

1940 Übersiedlung in die USA. Dort siedelte er sich in Chicago an und beendete seine Ausbildung am dortigen Psychoanalytischen Institut, das von Franz Alexander geleitet wurde und an dem er später lehrte.

1946 wurde er Facharzt für Neurologie, 1949 für Psychiatrie. Bald darauf wurde er Professor für Psychiatrie an der University of Chicago.

1964–65 Präsident der Amerikanischen Psychoanalytischen Vereinigung, später Vizepräsident der Internationalen Psychoanalytischen Vereinigung

Ab etwa 1956 entwickelte er seine innovative Narzissmustheorie. Diese hielt er anfangs für eine Erweiterung der klassischen Psychoanalyse und nicht für eine eigene Schulrichtung. Um 1970 baute er sie zur Selbstpsychologie aus mit der Theorie des Selbst als eigenständige Entwicklung.

Seine wichtigsten Arbeiten stammen aus den 1960er und 1970er Jahren und reflektieren das Aufkommen und die Zunahme einer Psychopathologie, die durch Leeregefühle, Mangel an innerer Stabilität, hohe Verletzlichkeit usw. gekennzeichnet ist. Seine Ideologie betonte die Empathie als kuratives Mittel zur Behandlung dieser Störungen.

Er bekleidete verschiedene Gastprofessuren und erhielt zahlreiche Ehrungen.

1981 starb Kohut in Chicago. Er erlag einer Krebserkrankung.

- 1971 Narzissmus (deutsch 1976)
- 1977 Die Heilung des Selbst (deutsch 1979)
- 1984 Wie heilt die Psychoanalyse? (deutsch 1989)

Immer nachdrücklicher erschienen nun Selbstgefühl, Selbstwert und die Selbstrepräsentanz als Produkte interaktioneller Prozesse. Sie sind das Ergebnis von affektiven und leiblichen Prozessen in den frühen Interaktionen. Bei den Schülern von Kohut, die die Selbstpsychologie weiterentwickelten, verlor das durch Spiegelungsprozesse erschaffene Selbst den Charakter einer psychischen Struktur. An seine Stelle trat das Konzept der Konstruktion des Selbst als Neuschöpfung in der Beziehung. Das Selbst wurde nun zum Dreh- und Angelpunkt einer konstruktivistischen Sichtweise. Sie wird in der 3. Vorlesung genauer abgehandelt.

Dieses Selbst, das in der Beziehung geschaffen wird, bildet den Kern der intersubjektiven und relationalen Psychoanalyse, die sich später aus der Selbstpsychologie, der Objektbeziehungstheorie und dem interpersonellen Ansatz der Psychoanalyse heraus entwickelte. Sie folgt der Idee, dass der erlebende und erlebte Kern des Subjektes, eben das Selbst, erst in der Beziehung Wirklichkeit wird.

Kohuts Beitrag zur Psychoanalyse

Man findet in Kohuts Biografie[42] keine konkreten Erfahrungen, die ihn dazu gebracht haben, sich zum Vater der Selbstpsychologie zu entwickeln. Einen gewissen Einfluss scheinen die Auffassungen seines ersten Analytikers August Aichhorn (1878–1949) gehabt zu haben, der sich mit Erziehungsberatung befasste und dabei über narzisstische Phänomene in der Übertragung schrieb.[43] Kohut selbst sah »spezielle [narzisstische – ME] Hindernisse in der eigenen Persönlichkeit« als eine der Wurzeln seines Werkes.[44] Zeitzeugen wie Paul Ornstein bestätigen diese Sichtweise. 1942 soll er deshalb sogar als Bewerber um die psychoanalytische Ausbildung am Institut in Chicago abgelehnt worden sein.

Kohuts Werk ist aber vor allem aus der psychoanalytischen Praxis heraus zu verstehen. Es reflektiert die Zunahme narzisstischer Störungen, die – ebenso wie andere Persönlichkeitsstörungen – seit dem Zweiten Weltkrieg vermehrt in Erscheinung getreten waren und die Analytiker zunehmend beschäftigt hatten. Dabei hatte sich gezeigt, dass Freuds tra-

---

42 Strozier CB (2001)
43 Aichhorn A (1936)
44 Kohut H (1969), S. 344

ditionelle Auffassung den Anforderungen an die neuen Indikationen nicht mehr gerecht wurde.

So war die Psychoanalyse seit Ende der 1940er Jahre auf der Suche nach neuen Konzepten. Sie brachte zunächst neue Ansätze im Rahmen der Ich-Psychologie, der Objektbeziehungstheorie und der Neopsychoanalyse hervor.[45] Speziell auf dem Boden der Ich-Psychologie entwickelte Kohut dann seit Mitte der 1950er Jahre seine Ideen zur Neuformulierung des Narzissmus und zur Neukonzeption der Behandlung narzisstischer Persönlichkeitsstörungen.[46] Daraus entstand seit etwa 1970 die »vierte Psychologie der Psychoanalyse« (nach der Trieb-, Ich- und Objektbeziehungs-Psychologie), die Selbstpsychologie. Die Wende in seinem Werk stellte das Buch »Die Heilung des Selbst«[47] von 1977 dar.

Narzissmus

Das Konzept des Narzissmus wurde von Freud 1914 in die Psychoanalyse eingeführt.[48] Freud beschrieb damit die psychische Entwicklung, die durch die libidinöse Besetzung der eigenen Person gekennzeichnet ist. Dabei bleibt die psychische Energie an das Interesse an sich selbst gebunden. Freud gelangte zu der Auffassung, dass narzisstische Persönlichkeiten dagegen unfähig zur libidinösen Besetzung des anderen – der Objekte – sind und daher nicht in der Lage sind, Übertragungen zu entwickeln.

Übertragung galt zu dieser Zeit allerdings ausschließlich als Projektion von infantilen Objektbeziehungen auf die Person des Analytikers. Darin sah Freud die Voraussetzung zur psychoanalytischen Behandlung. Narzisstische Neurosen, wie Freud sie nannte, erschienen ihm daher nicht analysierbar.[49]

---

45 Trilogie II, 2. Vorlesung
46 Kohut H (1971)
47 Kohut H (1977)
48 Freud S (1914d)
49 Trilogie I, S. 66. Siehe auch: Freud S (1916/17), insbesondere 27. Vorlesung

> **Kasten 2.2: Zentrale Begriffe der Selbstpsychologie**
>
> - Kohut übernimmt den Begriff des *Selbst* von Heinz Hartmann, der es 1950 als ein übergreifendes psychisches System dem Es und dem Über-Ich an die Seite stellte.
> - Es wird durch *Selbstrepräsentanzen* in der Vorstellungswelt verankert. Das Selbst enthält also die bewussten, vorbewussten und unbewussten Vorstellungen über die eigene Person: So bin ich.
> - Es ist mit einem Gefühl der Gewissheit für die eigene Person und für ihren Bestand verbunden, die als *Selbstgefühl* bezeichnet wird.
> - Dieses Gefühl wird im Allgemeinen positiv bewertet und bildet die Voraussetzung zum *Selbstwertgefühl*, also zur Wertschätzung der eigenen Person.
> - Mit dem Begriff *Selbst-Kohärenz* beschreibt Kohut die Fähigkeit, eine in sich schlüssige, integrierte Vorstellung von sich zu bilden und aufrechtzuerhalten.
> - Den Anderen, der vorrangig im Dienste der Aufrechterhaltung der Selbst-Kohärenz erlebt und verwendet wird, bezeichnet er als *Selbstobjekt*. Dabei werden die Grenzen zwischen Selbst und Selbstobjekt verwischt.
> - Das Gegenstück zur Selbstkohärenz ist die *Fragmentierung*, d.h. die Auflösung des Selbst in einzelne, nicht mehr miteinander verbundene Teile bis hin zum Verlust des Selbstgefühls.
> - Kompensatorische Formationen, die eine Fragmentierung abwehren, sind das *Größenselbst* und die *Idealisierte Elternimago*. Sie entstehen durch Idealisierung und Projektion.
> - Größenselbst und idealisierte Elternimago bilden die beiden Pole des *bipolaren Selbst*.

Für Kohut steht das genuine Streben nach Selbsterhaltung und Bezogenheit im Zentrum des Interesses. Er spricht von Kohärenz des Selbst und sieht darin die zentrale Motivation der seelischen Prozesse, die er mit der Auffassung einer eigenständigen Entwicklung des Selbst verbindet. Für ihn liegt der Narzissmus im Grenzbereich zwischen Neurose und

Psychose. Er stellt nach seiner Auffassung eine Entwicklung dar, die dadurch geprägt ist, dass der Andere nicht als ein objektives Objekt, also ein Gegenüber mit eigenen Interessen und Zielen betrachtet wird, sondern ausschließlich in der Funktion, Anerkennung, Bewunderung und Sicherheit zu vermitteln und das Subjekt zu stabilisieren. Diese Position des Anderen nennt er Selbstobjekt.

Narzissmus entsteht, wenn die frühen Bindungs- und Spiegelungserfahrungen misslingen. Er kompensiert den damit verbundenen Mangel an Selbstobjekt-Erfahrungen, speziell an elterlicher Empathie, durch Rückzug auf sich selbst und schützt vor einer Labilisierung des Selbstgefühls und einer Fragmentierung des Selbst.

Entwicklung des Selbst

Nach Kohuts Auffassung entsteht der Kern des Selbst aus der Entwicklung eigenständiger narzisstischer Strebungen, die unabhängig von der Entwicklung der Objektliebe zu sehen sind und auch nicht irgendwann in der Objektliebe aufgehen. Dabei beruht die Entwicklung auf einem angeborenen archaischen Selbstpotential, dem Selbst in statu nascendi. Die Aktivierung dieses Potentials ist das Ergebnis gelungener früher Interaktionen, in denen zentrale Bezugspersonen dem Kind das Gefühl vermitteln, anerkannt und wertvoll zu sein. Diese Funktion, die auf Empathie und Introspektion der Bezugspersonen beruht, nennt man Spiegeln. Sie wird durch emotionale Prozesse und leibliche Erfahrungen in der frühen Dyade vermittelt.

Kinder brauchen die Erfahrung, zu bewundern und bewundert zu werden. Sie brauchen es, sich mit dem idealisierten Anderen zu identifizieren. Das Selbst entsteht also aus Identifikationen mit den idealisierten Selbstobjekten und mit ihrer Spiegelfunktion. Man spricht daher auch vom reflexiven Selbst. Im Spiegel des Selbstobjektes entwickelt das Subjekt sein Kern-Selbst.

Der Begriff Spiegel bzw. Spiegeln taucht in der Psychoanalyse in verschiedenen Zusammenhängen auf.[50] Bei Kohut beschreibt er die empa-

---

50 Vgl. das Spiegelstadium als Ausgangspunkt der Entwicklung in der Struktura-

thische Reaktion der Bezugsperson auf die Äußerungen des Kindes, die diesem das Gefühl vermittelt, gewollt und willkommen zu sein. Das geschieht averbal, durch Blicke, Berührungen usw., und paraverbal, d.h. durch den Tonfall der Stimme.

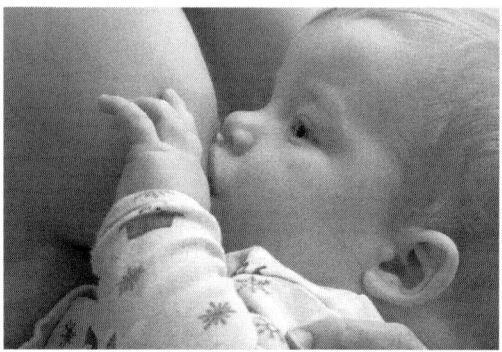

Abb. 2.2: Nach Kohut entwickelt sich das Selbst aus einem angeborenen archaischen Selbstpotential, das durch die frühen Interaktionen, in denen die zentrale Bezugsperson dem Kind das Gefühl vermittelt, wertvoll zu sein, aktiviert wird. (© Vladislav Gansovsky/fotolia.com)

Das bipolare Selbst

Dieser Prozess ist außerordentlich leicht störbar, denn die Passung zwischen narzisstischer Bedürftigkeit des Kindes und Spiegelung durch das Gegenüber, das Selbstobjekt, ist nie perfekt. Zur Kompensation von Defiziten entwickelt das Kind Größenphantasien. Sie bleiben an das Selbst gebunden – »Ich bin großartig«. So entsteht ein Größenselbst als kompensatorische Formation zum Ausgleich unzureichender Spiegelungserfahrungen.

---

len Psychoanalyse von Jaques Lacan, an dem das Kind sein Selbst und sich als ganzes Objekt entdeckt (Lacan 1949; Trilogie II, S. 101 ff.). Die Spiegelfunktion der Mutter und der Familie für die Entwicklung des Selbst beschreibt auch Winnicott DW (1967), S. 128 ff.

Eine andere Weiterentwicklung ist die Projektion der Größenphantasien auf den Anderen, das Selbstobjekt. Sie bildet die Grundlage für dessen Idealisierung. Diese Formation nennt Kohut die idealisierte Elternimago. Sie bewirkt eine übermäßige Bindung: Das Kind bleibt auf die Anerkennung und Bewunderung des Selbstobjektes angewiesen. Es wird nicht als autonom anerkannt und fortwährend idealisiert. Durch diese Entwicklungen kann die Verletzlichkeit bewältigt und das narzisstische Gleichgewicht aufrechterhalten werden.

Größenselbst und idealisierte Elternimago bilden die beiden Pole des sog. bipolaren Selbst. Sie sind das Ergebnis der Tatsache, dass es in jeder Entwicklung unweigerlich zu Frustrationen narzisstischer Bedürfnisse kommt, die durch Exhibitionismus bzw. Idealisierung kompensiert werden. Bei einer gesunden Selbst-Entwicklung gleichen beide Pole sich gegenseitig aus.

In der normalen Entwicklung werden Enttäuschungen und Frustrationen des Selbstwertgefühls aufgefangen und gemäßigt, indem das Bedürfnis nach Anerkennung, Bewunderung und Idealisierung des Kindes von den Eltern und anderen wichtigen Bezugspersonen befriedigt wird. Dadurch werden auch Größenvorstellungen und übermäßige Idealisierungen zurückgenommen. Das Kind entlässt den Anderen schließlich aus der Funktion der Selbst-Stabilisierung und macht sich die Bewahrung der Selbst-Kohärenz nach und nach zueigen. An die Stelle der infantilen Idealisierungen treten reifere Ideale, in denen das Kind so sein möchte wie das aufgegebene Selbstobjekt. Darin sieht Kohut eine transformierende Verinnerlichung.

Auf diese Weise entwickelt sich ein »gesunder« Narzissmus, der es ermöglicht, realistische Ziele anzustreben und das Selbstgefühl auch unter Belastungen aufrechtzuerhalten. Damit ist die Wahrnehmung verbunden, dass der Andere eine vom Selbst getrennte, eigenständige Person ist. Der Andere wird nun zum autonomen Objekt. Diese Entwicklung ist mit etwa vier Jahren abgeschlossen.

Allerdings bleibt der Mensch lebenslang auf eine gewisse Stützung durch Selbstobjekte angewiesen. Das bedeutet, dass auch in reiferen Beziehungen immer wieder mehr oder weniger ausgeprägte narzisstische Bedürfnisse zum Tragen kommen, also Bedürfnisse, vom Anderen anerkannt, bewundert und bestätigt zu werden. Diese Bedürfnisse nehmen besonders in Krisen zu.

Wenn diese Bedürfnisse nachhaltig frustriert werden, wird das Selbst geschwächt und seine Kohärenz bedroht. Damit entstehen Fragmentierungsängste. Sie werden durch undifferenzierte Affekte und Triebregungen abgewehrt. Dabei handelt es sich vor allem um narzisstische Wut und sexuelle Erregung, die zur Promiskuität und zu perversen Akten führen können. Sie stellen keine genuine Triebregung dar, sondern sind affektive Reaktionen auf Kränkungen des Selbstgefühls und Enttäuschungen am Anderen.

Neubewertung des Ödipuskomplexes

Vor diesem Hintergrund gelangte Kohut in seinen späteren Arbeiten[51] zu einer Neubewertung des Ödipuskomplexes, der bei Freud als Angelpunkt der Trieb- und Über-Ich-Entwicklung galt. Er betrachtete den Ödipuskomplex als Phase, in der das Kind vor der Aufgabe steht, sein Liebes- und Geltungsstreben in das Selbst zu integrieren. Diese Entwicklung misslingt, wenn die Eltern unfähig sind, sie empathisch zu begleiten, und auf die ödipalen Regungen mit Feindseligkeit oder eigenen narzisstischen Verführungsangeboten reagieren. Wenn das geschieht, entsteht eine Schwächung des Selbst mit defensiven sexuellen und aggressiven Affekten, die ihrerseits nun abgewehrt werden. Verdrängte ödipale Sexualität und Aggressivität sind danach das Ergebnis von Abwehrprozessen, die das geschwächte Selbst beschützen.

Psychopathologie

Narzisstische Persönlichkeitsstörungen entstehen nach Kohut, wenn mehrere Faktoren zusammenkommen, die sich gegenseitig bedingen: Wenn genügend gute Spiegelerfahrungen ausbleiben, wenn keine hinreichende Möglichkeit zur Idealisierung der Bezugspersonen besteht und wenn die notwendige Rücknahme von Größenphantasien und Idealisie-

---

51 Kohut H (1984)

rungen durch unempathische Frustrationen unterbunden wird. Sie sind durch folgende Merkmale charakterisiert:

- Es gibt keine ausreichende Selbst-Kohärenz, so dass kompensatorische Größenphantasien bestehen bleiben.
- Vor allem aber bleibt der Andere idealisiert und wird in der Position und Funktion als Selbstobjekt fixiert.
- Größenselbst und Idealisierungen bleiben als unreife Elemente in der Psyche erhalten.
- Ein realistisches Selbstbild und reife Objektbeziehungen werden dadurch beeinträchtigt.
- Die Betroffen bleiben auf die stützende Funktion ihrer Selbstobjekte angewiesen, damit ihr Selbstgefühl nicht zusammenbricht.
- Wenn ein Selbstobjekt nicht verfügbar ist, breiten sich Ängste vor Selbstverlust aus, die sich in Leere, Verzweiflung und Orientierungsverlust äußern und auf vielfältige Weise abgewehrt werden.

Die narzisstische Persönlichkeitsstörung wird vor allem durch Angst vor Fragmentierung und Selbstverlust geprägt, die sich darin zeigt, dass sich die Betroffenen zur Aufrechterhaltung ihres Selbstgefühls auf die Anwesenheit eines Selbstobjektes angewiesen fühlen. Gegen diese Angst wenden sich narzisstische Abwehrmanöver. Sie bestehen vor allem in einer übermäßigen Idealisierung der eigenen Person und der Anderen.

Größenselbst und Idealisierungen sind daher die zentralen Elemente der narzisstischen Persönlichkeitsstörung. Dabei kann das Größenselbst auch abgespalten bzw. verdrängt sein, so dass depressive Leere und Minderwertigkeitsgefühle resultieren. Andererseits kann die Idealisierung ins Gegenteil verkehrt werden und in eine Tendenz zur permanenten Entwertung münden.

Tab. 2.1: Merkmale und Typen der narzisstischen Persönlichkeitsstörung

Merkmale[52]	Typen[53]
• Narzisstische Wut • Rachebedürfnis • Beziehungsschwierigkeiten • Fehlendes Interesse am Anderen • Empathiestörung • Lügen • Humorlosigkeit • Hypomanie • Hypochondrie • Perverse Sexualität	• Sucht nach Anerkennung und Bewunderung • Sucht nach Idealisierung anderer • Sucht nach Übereinstimmung mit anderen (Alter Ego) • Sucht nach Verschmelzung und Kontrolle • Kontaktvermeidung

Behandlung

Anders als Freud hält Kohut den Narzissmus im Prinzip durchaus für psychoanalytisch behandelbar. Die Voraussetzung ist allerdings, dass die Patienten eine hinreichende Selbststruktur entwickelt haben. Das bedeutet, dass Kohut vor allem mit mittelschweren narzisstischen Störungen auf mittlerem strukturellen Entwicklungsniveau arbeitet und – ebenso wie Freud – Psychosen für nicht analysierbar hält.

Empathie und Introspektion

Dreh- und Angelpunkt von Kohuts Behandlungskonzeption sind Empathie und Introspektion. Damit rückt er von der metapsychologischen Deutungskonzeption Freud'scher Provenienz ab, d. h. von der Zentrierung auf die Konflikthaftigkeit des Erlebens. Im Zentrum steht für ihn die Deutung und Durcharbeitung der unten beschriebenen narzisstischen Übertragungen. Dabei bedient er sich der Einfühlung in die Bedürfnis-

---

52 Akhtar S, Thomson JA (1982)
53 Kohut H, Wolf ES (1978)

welt der Patienten, die von ihm in seinen Interventionen aufgenommen, gespiegelt und damit indirekt bestätigt und anerkannt werden. Besondere Bedeutung haben dabei Ängste und andere Reaktionen (»Widerstände«) auf Unterbrechungen der Beziehung zum Analytiker, der in der Übertragung als Selbstobjekt fungiert, und der Versuch, die dadurch hervorgerufenen Krisen gleichsam zu reparieren.

So beschreibt Kohut in seinen Falldarstellungen immer wieder, wie Patienten aus Anlass von Unterbrechungen der Behandlung an Wochenenden oder in Ferien dekompensierten und sich z. B. in Gefahr brachten oder in Abenteuer stürzten und wie die Anerkennung der Ängste vor Fragmentierung ihres Selbst und die Bearbeitung der tieferliegenden Wurzeln die Stabilität wiederherstellen konnte.

Diese Behandlungsstrategie ist eingebettet in eine analytische Haltung, in der der Analytiker Wärme spüren und Mitgefühl erkennen lässt und durchaus auch als Mensch erlebbar wird. Damit rückt er deutlich von der klassischen neutralen Spiegelhaltung ab. »Das Prinzip [der Abstinenz – ME] ist richtig, aber Neutralität und Anonymität bedeuten nicht, dass der Analytiker nicht reagiert oder dass der Patient nichts über ihn wissen darf«, schreibt er.[54]

In diesem Behandlungskonzept zeigt sich die Orientierung an einem Defizit-Modell der Krankheitsentstehung, das im Gegensatz zum klassischen Konfliktmodell der Neurosen steht. Nicht der Widerspruch zwischen Trieb und Norm machen den Menschen krank, so das Konzept Kohuts, sondern der Mangel an empathischer Grunderfahrung.

Bearbeitung narzisstischer Übertragungen

Der entscheidende Fortschritt in Kohuts Werk ist die Beschreibung spezifischer narzisstischer Formationen, die als neurotische Übertragungen in der Behandlung Ausdruck finden. Er betrachtet sie als Folge der schwer gestörten empathischen Reaktionen der Eltern mit der Folge, dass das Selbst nicht sicher etabliert ist und in der Analyse gegen Fragmentierungen gesichert wird. Diese Übertragungen unterscheiden sich fundamental

---

54 Vorwort zu Moser T (1974), S. 17

von den klassischen neurotischen Übertragungen, die Freud bei der Behandlung seiner Patienten entdeckt hatte und in denen er projektive Verkennungen nach dem Vorbild infantiler Objektbeziehungen erkannt hatte.[55]

In Gegensatz dazu beschrieb Kohut Übertragungen des Bedürfnisses nach Bestätigung, Bewunderung, Anerkennung, schützende Anwesenheit, Zuwendung und Sicherheit. Er unterscheidet hauptsächlich drei Varianten.

Kasten 2.3: Narzisstische Übertragungen nach Kohut (1984)[56]

- **Spiegelübertragung:** Hier verwenden die Patienten den Analytiker als ein Selbstobjekt, das ihnen Bestätigung und Anerkennung zuteilwerden lässt und dadurch ihr Selbst stabilisiert.
- **Idealisierende (Eltern-)Übertragung:** Bei dieser Übertragung wird der Analytiker idealisiert, wobei die Teilhabe am Idealobjekt das Selbst stabilisiert. Der Analytiker wird hier als Selbstobjekt verwendet, der die Idealisierung der Patienten annimmt.
- **Zwillingsübertragung (Alter-Ego-Übertragung):** Hier fungiert der Analytiker als ein Selbstobjekt, mit dem Übereinstimmung gesucht wird. Seine Funktion besteht darin, Trost durch Ähnlichkeit zu repräsentieren und dadurch das Selbst zu stabilisieren.

Weitere Übertragungskonstellationen, die allerdings von Kohut nicht beschrieben werden, sind die konkordanten Übertragungen, in denen Größenphantasien oder Minderwertigkeitsgefühle auf den Analytiker projiziert werden. Hier fungiert der Analytiker als externalisiertes Selbst und als Container für unerträgliche Selbst-Aspekte.

---

55 Trilogie I, S. 65 ff.
56 Kohut H (1984)

Umwandelnde Verinnerlichung

Die »Heilung des Selbst«, wie Kohut sein Ziel im Titel seines maßgeblichen Buches[57] bezeichnet, geschieht im Wesentlichen durch empathische Begleitung in Beziehungskrisen, die entstehen, wenn die Verwendung des Analytikers als Selbstobjekt misslingt. Unterbrechungen und Krisen der Beziehung stehen daher im Zentrum der Beobachtung. Dabei vermeidet Kohut Konfrontationen und Deutungen der narzisstischen Abwehr. Er ist vielmehr davon überzeugt, dass das Nacherleben narzisstischer Krisen durch die nunmehr reifere Persönlichkeit zu neuen Erfahrungen führt, die verinnerlicht werden können. Diese »umwandelnde Verinnerlichung« fördert die Nachreifung des Selbst und ermöglicht es auf Dauer, dass der Analytiker aus der Funktion als stabilisierendes Selbstobjekt entlassen werden kann. Das Ziel ist eine autonomere Aufrechterhaltung der Kohärenz des Selbst und insofern eine reifere Beziehungsfähigkeit.

Bewertung von Kohuts Werk

Kohut hat mit seinen Konzepten die Entwicklung einer eigenen Schulrichtung angestoßen. Seine Selbstpsychologie bildet heute eine der Grundorientierungen, die in die Arbeit der meisten Psychoanalytiker mit eingeflossen ist.

Kasten 2.4: »Narzisstische Neurosen«

- Narzisstische Persönlichkeitsstörungen
- Depressive Störungen
- Angststörungen
- Somatisierungsstörungen
- Essstörungen
- Perversionen

---

57 Kohut H (1977)

2. Vorlesung Selbstpsychologie und Narzissmus

Abb. 2.3: In seinem Buch »Die Heilung des Selbst« – hier die deutsche Erstausgabe von 1979 – entwarf Kohut sein innovatives Behandlungskonzept für narzisstische Störungen. Sein Erscheinen gilt als Beginn der Selbstpsychologie. Dabei zentrierte er auf die Empathie als Wirkfaktor, während er Deutungen für wenig nützlich hielt.

Ab der Mitte der 1970er Jahre hat sie eine enorme Resonanz gefunden. Eine narzisstische Psychodynamik wurde als Hintergrund einer Fülle von klinischen Syndromen erkannt, die man in Anlehnung an Kohuts Konzepte als »narzisstische Neurosen« (vgl. Kasten 2.4) zusammenfassen kann.

Daraus ergaben sich für viele Analytiker neue Behandlungsperspektiven und -strategien. Die wichtigste Neuerung besteht darin, dass die Selbstpsychologie das meiste, was von der klassischen Psychoanalyse als Widerstand angesehen wird, als notwendige Bewältigungsstrategie betrachtet, mit der das Selbstgefühl aufrechterhalten und Fragmentierungen des Selbst verhindert werden. Das stellt eine fundamentale Neuorientierung in der Psychoanalyse dar.

Dabei sind gewisse Ähnlichkeiten mit dem entwicklungsfördernden therapeutischen Behandlungsansatz von Donald Winnicott und auch Anklänge an die Auffassungen von Michael Balint erkennbar. Auch die

Gesprächspsychotherapie von Carl Rogers[58], der zur gleichen Zeit wie Kohut in Chicago lehrte, ohne dass zwischen beiden offenbar persönliche Kontakte bestanden, geht in vielem in dieselbe Richtung.

Trotz der Fülle klinischer Erkenntnisse und Fortschritte ist die Selbstpsychologie nicht unumstritten geblieben. Viele konnten Kohuts Kritik der Freud'schen Konfliktlehre nicht mit vollziehen. Außerdem wird sein Zweifel an der Nützlichkeit der Analyse und Deutung von (Objekt-)Beziehungskonflikten und Widerständen von Kritikern als »unanalytisch« betrachtet.

Die bedeutendste Kontroverse ergab sich zu den Auffassungen von Otto Kernberg, der vor allem Kohuts Heilungskonzept der Empathie kritisierte und viel stärker die Aufdeckung aggressiver Affekte wie Wut und Neid sowie der Angst vor Abhängigkeit und der dahinterliegenden Konflikte betonte. Dieser Ansatz wird im Folgenden dargestellt.

Integration von Ich- und Objektbeziehungs-Psychologie

Es ist das Verdienst von Otto F. Kernberg, den objektbeziehungstheoretischen Ansatz der Schule Melanie Kleins mit der amerikanischen Ich-Psychologie verbunden zu haben. Dadurch gelang ihm eine Integration der leitenden Konzepte der 1960/70er Jahre, mit der er bis ins 21. Jahrhundert hinein zum einflussreichsten Theoretiker wurde und die Praxis der Psychoanalyse – zumindest in den angloamerikanischen und deutschsprachigen Ländern – nachhaltig beeinflusste.

Kernberg hatte nach 1950 in Chile zunächst eine Kleinianische Ausbildung absolviert, bevor er nach 1960 in den USA unter den Einfluss der Ich-Psychologie geriet. Besonders die Säuglingsforscher René Spitz[59] und

---

58 Rogers, C (1980)
59 Spitz R (1965)

Margaret Mahler[60] sowie Edith Jacobson[61] und Erik Erikson[62] hatten großen Einfluss auf sein Denken.

Kernbergs integratives Modell

Sein Modell der Persönlichkeitsorganisation beschreibt drei zentrale Komponenten:

- die Selbstrepräsentanz (S),
- die Objektrepräsentanzen (O) und
- spezifische Affektzustände (A), die S und O miteinander verbinden.

S-A-O-Einheiten sind die Basiselemente der psychischen Prozesse. Affekte sind dabei das eigentlich Verbindende. Sie sind auch die Bausteine der Triebe. Der jeweils vorherrschende Gefühlszustand aktiviert die Triebe, die am Objekt nach Befriedigung suchen.

Affekte sind also nach Kernberg das primäre Motivationssystems.[63] Sie prägen aber auch die Qualität der psychischen Strukturen, z.B. die des Über-Ich. Dieses kann unter dem Einfluss versöhnlicher Affekte mild sein, während Wut ein strenges Über-Ich hervorruft. Sie bilden auch den zentralen Bezugspunkt in Kernbergs Entwicklungsmodell. Die Integration von gegensätzlichen Affekten und ihre Verbindung mit Selbst- und Objektvorstellungen zu immer komplexeren Einheiten bildet die zentrale Aufgabe der Entwicklung. Dabei lehnt Kernberg sich im Wesentlichen an das Entwicklungsmodell von Margaret Mahler an, das in der 4. Vorlesung ausführlicher besprochen wird.

---

60 Mahler M, Pine F, Bergmann A (1975)
61 Jacobson E (1964)
62 Erikson EH (1950)
63 Vgl. den Abschnitt »Die Normalisierung der psychoanalytischen Landschaft« in der 1. Vorlesung

Kasten 2.5: Otto F. Kernberg (* 1928)

Otto F. Kernberg wurde 1928 in Wien als einziges Kind eines Zollbeamten geboren.

1939 emigrierte die Familie nach Chile, wo er seine Jugend verlebte und schon früh Interesse für die Neuropsychiatrie entwickelte.

Nach dem Studium der Biologie und Medizin machte er dort die Ausbildung zum Psychoanalytiker. Sein Lehrer war Ignacio Matte-Blanco, der bekannteste chilenische Psychiater und Psychoanalytiker, der aus der Kleinianischen Schule kam und sich mit der Erforschung von Psychosen befasste.

1959 übersiedelte Kernberg nach Topeka in den USA, wo er sich der Ich-Psychologie zuwandte. Dort wurde er 1966 Direktor des Menninger Memorial Hospital. Als Leiter des Menninger-Forschungsprojekts begann er seine Forschungen über die schweren Persönlichkeitsstörungen.

Seit 1973 lebt er in New York. Dort war er Professor für Psychiatrie an der Columbia University und seit 1976 an der Cornell University. Er betrieb dort umfangreiche klinische Studien und wurde vor allem als Theoretiker der Borderline-Pathologie bekannt. Unabhängig von Schulstreitereien entwarf er ein integratives Konzept damals gültiger Theorien. Zu seinen Innovationen gehört die *Transference focused Psychotherapy (TFP)* als modifiziertes analytisches Behandlungskonzept für Borderline-Persönlichkeitsstörungen.[64]

Kernberg bewahrte die Verbindung zum deutsprachigen Kulturraum. In seiner Funktion als Präsident der Internationalen Psychoanalytischen Vereinigung unterstützte er ab 1995 nachhaltig die Wiederaufnahme der Deutschen Psychoanalytischen Gesellschaft in die Inter-

---

64 Kernberg H (1984), Seite 342

nationale Vereinigung. Er ist seit vielen Jahren als Dozent der Lindauer Psychotherapiewochen tätig und gehörte 1999–2008 ihrem wissenschaftlichen Beirat an.

- 1975 Borderline-Störungen und pathologischer Narzissmus (deutsch 1978)
- 1976 Objektbeziehungen und Praxis der Psychoanalyse (deutsch 1981)
- 1984 Schwere Persönlichkeitsstörungen (deutsch 1988)

Abb. 2.4: Otto F. Kernberg (Courtesy of Otto Kernberg)

Psychopathologie

Kernbergs theoretisches Modell bildet den Hintergrund für sein Verständnis der Entwicklungspathologie. Dabei geht es ihm vor allem um das jeweils vorherrschende strukturelle Organisationsniveau der Psyche. Dieses wird durch die Integration der Selbst- und Objektrepräsentanzen und die darin enthaltenen Affekte und ihre Abwehr bestimmt (Vgl. Kasten 2.6).

Kernbergs Narzissmuskonzept

Kernberg betrachtet den Narzissmus[65] als Organisationsformen der Persönlichkeit, in denen Selbst- und Objektrepräsentanzen mit massiven destruktiven Affekten und Minderwertigkeitsgefühlen verbunden sind und das resultierende, schwach entwickelte Selbst durch ein Größenselbst gestützt wird. Im Zentrum steht für ihn dabei der archaische Neid, der nicht bewältigt werden kann. Als Abwehr werden Omnipotenzphantasien, Entwertungen und Rückzug eingesetzt, aber auch eine ganze Reihe von sublimen Mitteln, die darauf abzielen, Bewunderung hervorzurufen. Hinzu kommt die Verleugnung der Realität, z. B. die des eigenen Alterns, die schließlich in einer Midlife-Crisis dekompensieren kann.

Kernberg beschreibt den Narzissmus auf verschiedenen Stufen der strukturellen Entwicklung. Er unterscheidet zwischen reiferen Formen auf höherem und mittlerem strukturellem Entwicklungsniveau, bei denen auch reichlich neurotische Konflikte bestehen, und schweren narzisstischen Pathologien auf niederem Strukturniveau, bei denen antisoziale Tendenzen bestehen können. Als malignen Narzissmus beschreibt er das Fehlen eines strukturierten Über-Ichs, das dem destruktiven Agieren eine Grenze setzen könnte.

Das Problem der narzisstischen Pathologie ist in jedem Fall die Verleugnung der Bedürftigkeit und der Kampf gegen Abhängigkeiten, die es schwer machen, sich als Patient zu sehen und in eine psychoanalytische Behandlung einzulassen. Abhängigkeitsbedürfnisse werden abgespalten. Das defensive Größenselbst bewirkt oft ein Scheitern, mit dem die Betroffenen sich selbst schaden.

Dieses Größenselbst betrachtet Kernberg als den Angelpunkt der Pathologie. Es entsteht als Reaktion auf überwiegend frustrierende Primärbeziehungen und stellt eine Art Selbsttröstung dar. Bei einem Teil der Patienten dient es auch der Abwehr einer tieferliegenden Borderline-Pathologie. Später wird es zum Selbsterhalt durch narzisstische Wut geschützt, so dass narzisstische Persönlichkeiten als Patienten schier unerreichbar werden.

---

65 Es sei auf meine ausführliche Systematik der Entwicklungspathologie verwiesen, die sich im Wesentlichen auf Kernberg stützt: Ermann M (2007)

Kasten 2.6: Drei Ebenen der Persönlichkeitsorganisation, modifiziert nach Kernberg[66]

1. **Höheres Strukturniveau** der neurotischen Psychopathologie: Regression auf die Ebene von Ich-Über-Ich-Konflikten bei stabilen Objektbeziehungen und relativ gut integrierten, komplexen Selbst- und Objektrepräsentanzen. Sie umfassen positive und negative affektive Qualitäten.
2. **Mittleres Strukturniveau** der Psychopathologie zwischen Neurose und Borderline. Sie ist gekennzeichnet durch:
   – Stärkere Instabilität von Selbst- und Objektrepräsentanzen, zunehmende Neigung zur Projektion, Identifikation und Externalisierung, Oszillieren zwischen Selbst und Anderen
   – Verstärkte Impulsivität sowie Instabilität und Widersprüchlichkeit von Affekten, Affektumkehr
   – Nebeneinander von Verdrängung und Spaltung als Abwehr
   – Feindseligkeit des Über-Ichs, unreife Ideale, Neigung zur Idealisierung und Entwertung
3. **Niederes Strukturniveau** der schweren Persönlichkeitsstörungen (Borderline-Niveau):
   – Gespaltene, rasch wechselnde verinnerlichte Objektbeziehungen, desintegrierte unreife Selbst- und Objekt-Repräsentanzen, inkohärentes Über-Ich
   – geringer Realitätssinn für das Selbst und Beziehungen
   – Impulsivität: ungehinderte Affekt- und Triebentladung, Neigung zum Agieren
   – Instabilität von Affekten
   – Empathiestörung
   – Neigung zu polimorph-perversen Triebäußerungen

---

66 Kernberg OF (1975)

Behandlung

Otto Kernberg lehnt Kohuts Heilungskonzept der empathischen Begleitung und einfühlenden Anteilnahme ab. Er betont stattdessen die Aufdeckung aggressiver Affekte wie Wut und Neid und die Notwendigkeit, Angst vor Abhängigkeit und dahinterliegende Konflikte zu bearbeiten. Er setzt – im Gegensatz zu Kohut – auf eine konfrontative Aufdeckung des Größenselbst und die Erforschung seiner individuellen Entstehungsgeschichte. Dabei empfiehlt er die konsequente Deutung der narzisstischen Abwehr und die Offenlegung der darunterliegenden destruktiven Affekte. Dadurch sollen vor allem Wut, Neid und Hilflosigkeit zum Gegenstand der Betrachtung werden, aber auch paranoide Ängste und die Angst vor erneuter frustrierender Abhängigkeit.

Tab. 2.2: Konzepte für narzisstische Störungen: Kohut und Kernberg im Vergleich

Kohut	Kernberg
• Das Größenselbst ist eine normale Erscheinung der Selbstentwicklung, die im Narzissmus fixiert ist.	• Das Größenselbst ist eine narzisstische Abwehrformation.
• Das Größenselbst wird durch ein gewisses Maß an narzisstischer Befriedigung und empathische Begleitung zurückgenommen (transformierende Verinnerlichung).	• Das Größenselbst kann nur durch Deutungen der dahinterliegenden Aggressionen, Neidgefühle, Abhängigkeitswünsche und Verfolgungsängste aufgelöst werden.

Bewertung

Kernberg gilt als einer der einflussreichsten Kliniker und Theoretiker der Psychoanalyse nach 1975. Das besondere Kennzeichen seiner Arbeit ist die Verbindung von Systematik in Theorie und Behandlungspraxis mit empirischer Forschung. Das gilt vor allem für die Borderline-Pathologie, die in dieser Vorlesung nicht näher betrachtet werden kann. Hier hat er zusammen mit anderen ein Manual für die Behandlung entwickelt, das eine systematische Evaluation und Effizienzprüfung des Verfahrens zulässt.[67] Angesichts der Notwendigkeit empirischer Studien über die Wirkung der analytischen Psychotherapie ist das ein unschätzbares Verdienst. Im Duktus dieser Vorlesung nimmt Kernberg insofern eine Sonderstellung ein, als er zu den Vertretern gehört, die mit einer Orientierung an der Empirie und dem Festhalten am Triebkonzept eher den positivistischen Flügel der Psychoanalytiker repräsentieren. Hier allerdings ist seine Position nicht ganz eindeutig. Fonagy und Target[68] weisen nach, dass sein Bezug zum Triebkonzept durchaus eine objektbeziehungstheoretische und sogar interpersonale Perspektive eröffnet und sich durchaus von der Auffassung von Trieben als primär motivationsbildende biologische Größe unterscheidet.

---

67 Clarkin J, Yeomans F, Kernberg O (2000)
68 Fonagy P, Target M (2003)

3. Vorlesung
Intersubjektivität – das neue Paradigma

Was ist Intersubjektivität?

Lange unbemerkt von der europäischen Psychoanalyse hat sich in den USA nach 1975 eine Entwicklung angebahnt, die heute als »Intersubjektive Wende« bezeichnet wird. Sie erfasst zunehmend alle Richtungen der modernen Psychoanalyse. Im Pluralismus der Strömungen zeichnet sich ein neues Paradigma ab, das in der Vielfalt wieder einen gewissen gemeinsamen Grund erwachsen lassen könnte: die Orientierung an der Intersubjektivität als einem neuen Paradigma.

Intersubjektivität bezieht sich auf die Tatsache der mitmenschlichen Bezogenheit. Sie geht davon aus, dass der Mensch von Geburt an in Beziehungen lebt und dass diese Bezogenheit ihren Niederschlag in der psychischen Organisation, nämlich im Selbst findet. Dabei ist der Mensch stets auf andere angewiesen, um die Kohärenz seines Selbst, also seine psychische Organisation, aufrechtzuerhalten. Dieses Prinzip wird durch unbewusste gegenseitige Einflussnahme, die sog. organisierenden Prinzipien des (Selbst-)Erlebens, gewährleistet.

Intersubjektivität bedeutet konkret, dass die Beteiligten sich in ihrem Denken, Fühlen und Handeln bewusst und unbewusst gegenseitig beeinflussen. Das Selbst als Erleben der eigenen Person entsteht da, wo zwei erlebende und handelnde Wesen sich begegnen. Damit tritt die Idee eines Selbst als Bündel von Fähigkeiten, wie es zunächst von Hartmann[69] konzipiert worden war, ganz in den Hintergrund.

---

69 Hartmann H (1939)

Dieser Ansatz begründet ein neues Konzept in der Psychoanalyse, das die individuelle Psyche – unabhängig von der Beziehung – als eine Fiktion betrachtet. Der intersubjektive Ansatz dreht das Verhältnis zwischen individueller Psyche und Beziehung um: Im herkömmlichen abendländischen Denken entsteht die Beziehung aus der Begegnung zwischen zwei Individuen. Entgegen diesem Denken betrachtet der Intersubjektivismus die Beziehung als das Basale, während das Individuelle sich erst in der Beziehung ausformt: Was ich und der Andere in der Begegnung als die Wirklichkeit aushandeln, bestimmt unser Selbsterleben.

Der Intersubjektivismus geht über die Objektbeziehungstheorie hinaus, indem er die Beziehung nicht nur als Rahmen für die Entwicklung betrachtet, die dann einen innerseelischen Niederschlag findet. Sie betrachtet die Bezogenheit, d. h. die Intersubjektivität, als Matrix, aus der das Individuelle und das Interpersonale erschaffen werden.

Von der Selbstpsychologie zur Intersubjektivität

Einer der Wegbereiter dieses Ansatzes war Kohut, der – wie oben dargestellt – mit seiner Theorie der Selbstentwicklung in empathischer Bezogenheit einen wichtigen Anstoß gegeben hat. Er verwies damit auf die Bedeutung des sozialen Kontextes für die Entwicklung. Dieser Ansatz war als solcher in der Psychoanalyse selbstverständlich nicht neu; Kohut wandte ihn jedoch speziell auf die Entwicklung des Selbst an. Ihn interessierte dabei das Selbst als Struktur. Er vertrat also eine *intra*subjektive Perspektive.

Dieser Ansatz wurde in den 1980er Jahren von Robert Stolorow, George Atwood und Mitarbeitern[70] in den USA aufgegriffen und weiterentwickelt. Sie lösten sich dabei von der strukturorientierten Sichtweise und stellten das Selbst in einen an der zwischenmenschlichen Erfahrung orientierten, d. h. interpersonellen Zusammenhang. Für sie war die Idee eines Selbst als Struktur allzu mechanistisch und erlebnisfern. Nach ihrer Auffassung geht es um die Organisation des Selbsterlebens, ein dynamisches Erleben, das sich erst in der Beziehung zu Anderen konstelliert. Das geschieht im wechselseitigen Austausch des Subjektiven.

Methodisch gingen sie von der »Personologie« aus, einer in den 1930er Jahren in Harvard entwickelten Persönlichkeitslehre, mit der sie die

---

70 Stolorow RD, Bandchaft B, Atwood GE (1987)

Theorien von Freud, Jung u.a. unter psychobiografischen Aspekten untersuchten.[71] Diese Richtung vertrat die Auffassung, dass das Studium der menschlichen Natur und die Theorie des Forschenden sich gegenseitig durchdringen. So fanden auch Stolorow und Atwood, dass man das wissenschaftliche Werk nicht ohne eine Tiefenpsychologie der Persönlichkeit der Autoren betrachten könne. Wie alle psychologischen Phänomene entstehen sie nach dieser Auffassung aus subjektiven Welten. Sie entwarfen daher einen Rahmen, der Theorie und Persönlichkeit erklärt, die sie zunächst als »psychoanalytische Phänomenologie« und später als »Theorie der Intersubjektivität« bezeichneten. Dieses Denken war von verschiedenen geisteswissenschaftlichen Vorläufern beeinflusst, die nun in dem neuen Ansatz zusammenflossen.

Intersubjektivität richtet das Augenmerk auf die gegenseitige Wechselwirkung und interaktive Einflussnahme von subjektiven Welten, auf das »intersubjektive Feld«. Hier entstehen Organisationsprinzipien, die aus den prägenden frühen Erfahrungen stammen und das Verhalten und Erleben im Hier und Jetzt prägen. Damit rücken intrapsychische Mechanismen und Strukturen an den Rand des Interesses.

Unter dieser Perspektive erhalten die psychische Entwicklung mit der Konstituierung des Selbst sowie die Krankheitsentstehung eine neue Bedeutung. Sie sind Produkte im interpersonellen Feld. Aber auch zentrale psychoanalytische Konzepte wie die Übertragung und die psychoanalytische Situation als Begegnung erscheinen nun in einem neuen Licht. Sie sind nicht einfach vorgegeben, sondern werden in der Begegnung im Hier und Jetzt als gemeinsames Werkstück erschaffen. Dabei spielen die unbewussten Vorerfahrungen der Beteiligten eine bedeutende Rolle. In der Sprache der Intersubjektivität gesprochen: Sie sind Ko-Konstruktionen in der Begegnung und nicht als isolierte psychische Phänomene zu betrachten.

---

71 Stolorow RD, Atwood GE (1979)

Kasten 3.1: Geistesgeschichtliche Wurzeln des Intersubjektivismus

- **Die Hermeneutik** nähert sich den Phänomenen über das Verstehen. Verstehen meint dabei inneres Nacherleben. Sie verfolgt die Absicht, den Sinn zu erschließen, der in einem Phänomen verborgen ist. Als Wissenschaft der Auslegung von Texten durchzieht dieser Ansatz das abendländische Denken seit der Antike. Wilhelm Dilthey (1833–1911) machte die Hermeneutik zur Grundlage der »verstehenden Psychologie«. Diese stellt den Gegenpol zur naturwissenschaftlich begründeten erklärenden (positivistischen) Psychologie des 19. und beginnenden 20. Jahrhunderts dar, die auch die Grundlage des Denkens von Sigmund Freud bildete.[72]
- **Der Konstruktivismus** geht von der Annahme aus, dass Phänomene nicht naturgegeben sind, sondern vom Menschen konstruiert werden. Für das Verständnis des Intersubjektivismus ist der »interaktionistische Konstruktivismus« maßgeblich. Er betont die Bedeutung der Interaktionen bei der Re-/De-/Konstruktion von Wirklichkeiten, in diesem Falle bei der Entstehung von Bezogenheit und Individualität. Realität ist danach eine vollkommen subjektive Wahrnehmung – eine Neukonstruktion aus dem Hier und Jetzt der gegenwärtigen Beziehungswirklichkeit.[73]
- **Der Strukturalismus** beschreibt Objekte als strukturierte Systeme. Struktur entsteht aus der gegenseitigen Bezogenheit von Objekten. Die Struktur bedingt die Funktionalität der Teile, die in der Vernetzung eine Ganzheit bilden. Objekte werden daher nicht für sich betrachtet, sondern nur im Austausch mit anderen. »Im Fokus steht daher die Struktur, die den Objektstatus erst ermöglicht.« Dieser Ansatz geht auf den Genfer Sprachwissenschaftler Ferdinand de Saussure (1857–1913) zurück und hat vor allem die französische Psychoanalyse stark beeinflusst.[74]

---

72 Körner J (1985)
73 Reich K (1998)
74 Vgl. Trilogie II, 5. Vorlesung

- **Die Phänomenologie** wurde von dem österreichischen Philosophen Edmund Husserl (1859–1938) begründet. Er beschränkte die Betrachtung der Welt auf die unmittelbar erscheinenden, d.h. manifesten Phänomene, und lehnte dabei jede Art der Vorannahmen ab. Wissenschaftlich bedeutsam ist nur, was dem Bewusstsein zugänglich ist.
- **Der symbolische Interaktionismus** beschäftigt sich mit der Frage, wie Bedeutung von sozialen Prozessen und Beziehungen entsteht. Er beruht auf der Theorie der symbolvermittelten Kommunikation, die von dem amerikanischen Philosophen und Identitätsforscher George Herbert Mead (1863–1931) in Chicago ausgearbeitet wurde. Dieser beschrieb die Entstehung von Identität (und Selbst) als einen Spiegelungsprozess zwischen dem »I«, d.h. dem vorsozialen Selbst, und der Gesellschaft. Dabei spielen Vorgaben, Zuschreibungen und Identifikationen die entscheidende Rolle.

Abb. 3.1: Stolorow (links) und sein Mitarbeiter Atwood gelten als Begründer der Intersubjektivität (links: © Julia Schwartz; rechts: Courtesy of George E. Atwood)

Kasten 3.2: Robert Stolorow (* 1942) und George E. Atwood (* 1944)

Robert D. Stolorow

Stolorow stammt aus Pontiac, Michigan. Er studierte Klinische Psychologie an der Harvard University in Boston, wo er im Rahmen seiner Promotion mit den Untersuchungsmethoden der »Personologie« bekannt wurde, einer spezifischen, in Harvard vertretenen Persönlichkeitslehre, die er zur Grundlage seiner intersubjektiven Studien in den 1970er Jahren machte. Dabei untersuchte er zusammen mit George Atwood die subjektiven Wurzeln der Arbeiten von Freud, C. G. Jung, Otto Rank und Wilhelm Reich.
Bis 1974 absolvierte er eine psychoanalytische Ausbildung am Postgraduate Center of Mental Health in New York.
Zusammen mit George Atwood u. a. gründete er das Institute for the Psychoanalytic Study of Intersubjectivity in New York, das sich der Intersubjektivitätstheorie, der Selbstpsychologie, der relationalen Psychoanalyse und der Säuglingsforschung widmet.
Er ist Professor für Psychiatrie an der University of California (UCLA) in Los Angeles, wo er auch lebt.

George E. Atwood

Atwood ist Psychoanalytiker in privater Praxis in Clinton, New Jersey, und Professor für Psychologie an der Rutgers State University in New Brunswick (NJ). Er hat als Autor und Koautor zahlreiche Artikel und Bücher zur psychoanalytischen Theorie und Psychobiografie der Lernpsychologie verfasst. Besondere Aufmerksamkeit widmet er in seiner klinischen Arbeit der Erforschung von psychotischen Zuständen. Sein Interesse gilt auch dem komplexen Verhältnis von Verrücktheit und Kreativität.

- 1978 Stolorow R D, Atwood G E: Faces in a Cloud: Intersubjectivity in Personality Theory

- 1988 Atwood G E, Orange D M, Stolorow R D: Intersubjektivität in der Psychoanalyse. Kontextualismus in der psychoanalytischen Praxis (deutsch 2001)
- 1996 Stolorow RD, Brandchaft R, Atwood GE: Psychoanalytische Behandlung. Ein intersubjektiver Ansatz (deutsch 1996)

Das intersubjektive Paradigma in der Behandlung

Dem Grundansatz entsprechend, richtet sich das Augenmerk der intersubjektivistischen Psychoanalytiker auf das Geschehen in der Beziehung. Das bedeutet, dass sie ohne Vorannahmen in die psychoanalytische Situation hineingehen und versuchen zu erfassen, was sich in der Begegnung, im intersubjektiven Feld der analytischen Situation, entwickelt. Dabei steht im Zentrum der Betrachtung, was zwischen den beiden Partnern im psychoanalytischen Dialog auf der Ebene der latenten Interaktion, d. h. nonverbal und paraverbal, also implizit geschieht.

Bezugnehmend auf das Konzept organisierender Prinzipien des (Selbst-)Erlebens betrachten die Intersubjektivisten die psychoanalytische Behandlung als Verfahren, mit dem die unbewussten Organisatoren des Selbst bzw. des Verhaltens und Erlebens zur Bewusstheit gelangen können, indem sie im Anderen Resonanz finden. Es geht hier nicht um richtig oder falsch, sondern es geht darum, was sich als Wirklichkeit zwischen beiden entfaltet und formulierbar wird. Dabei ist es entscheidend, ob es dem Analytiker gelingt oder nicht, sich »von der Struktur seiner eigenen Erfahrungen, an die er die Mitteilungen des Patienten angleicht, zu distanzieren«.[75] Darüber entstehen neue Möglichkeiten der Selbstorganisation.

Naturgemäß steht dabei die Rede im Zentrum. Es besteht die Auffassung, dass der Patient seine Rede unbewusst immer auf die Person des Analytikers ausrichtet – wie auch der Analytiker aus einer unbewussten inneren Bezugnahme zum Patienten interveniert. Insofern sind der Dialog und das letztlich gesprochene Wort von beiden ko-konstruiert, ohne dass sie sich dessen zunächst bewusst wären. Mehr noch gilt das für In-

---

75 Stolorow RD, Bandchaft B, Atwood GE (1987), S. 15

szenierungen, also für paraverbale Interaktionen (Schweigen, Stimmklang usw.) und Handlungen, mit denen das Beziehungsgeschehen konkrete Gestalt annimmt.

Der wesentliche Teil des Dialoges spielt sich bei dieser Betrachtungsweise also nicht im manifesten Dialog ab, sondern in der Latenz dahinter, d.h. in der unbewussten Interaktion und Beziehungsgestaltung. Gegenüber dieser Orientierung werden Prozesse, die intrapsychisch im Patienten ablaufen, unbedeutend.

Die wichtigsten Methoden, mit denen der Analytiker den latenten Beziehungsprozess in der Behandlung nachvollziehen und schließlich aufdecken kann, sind Empathie und Introspektion. Dabei geht es vor allem darum, durch Einfühlung und Selbstbeobachtung zu fördern, was die Entwicklung der Patienten optimal voranbringt, und zu vermeiden, was sie stört. Danach richten sich auch die Interventionsstrategie und der Inhalt der Interventionen, die aus dem Augenblick heraus (»aus dem Bauch heraus«) entstehen.

Der Analytiker ist dabei Miterlebender im gemeinsamen Kontext und nicht außenstehender Beobachter. Das führt in der Behandlung zu einem grundlegenden Wandel der psychoanalytischen Haltung. Er tritt nun aus seiner Zurückhaltung heraus, die das Freud'sche Abstinenzkonzept ihm mit der sog. Spiegelmetapher vorgeschrieben hatte.[76] Er gibt seine hierarchische Stellung als »Wissender« zu Gunsten eines Dialoges mit dem Patienten »auf Augenhöhe« auf. Dabei nimmt er nun aktiv gestaltend am Heilungsprozess teil. Er teilt sein Erleben mit dem Analysanden und schafft ein Klima der Bezogenheit, indem er als beteiligter Mitmensch erkennbar wird.

Eine solche Haltung entfernt sich deutlich von der abstinenten Haltung der klassischen Psychoanalyse, die nach Auffassung der Intersubjektivisten eine Frustration darstellt und Artefakte hervorbringt, welche die Selbstentfaltung beeinträchtigen und deshalb Widerstände im Patienten hervorrufen.

---

76 Freud S (1915a)

Intersubjektivismus in der Psychoanalyse

Der Intersubjektivismus bildet keine eigentliche Schulrichtung in der Psychoanalyse, sondern ein Paradigma, das sich zusehends auch innerhalb der traditionellen Richtungen des psychoanalytischen Mainstreams etabliert. Als eigenständige Richtung hat Stephen A. Mitchell ab etwa 1990 die relationale Psychoanalyse entwickelt, die anschließend dargestellt wird. Wichtige Vertreter der intersubjektiven Theorie sind außer Stolorow und Atwood auch deren Mitarbeiter Donna M. Orange und Bernard Brandchaft. Weitere intersubjektivistische Autoren sind Jessica Benjamin und Nancy Chodorow, die sich viel mit feministischer Psychoanalyse beschäftigt haben, die Säuglingsforscher Daniel Stern und Beatrice Bebee, der Selbstpsychologe Frank Lachmann und der Kommunikationsforscher Colwyn Trevarthen.

Kritik am Intersubjektivismus

Die Intersubjektivisten beanspruchen, dem Freud'schen positivistischen Denken eine radikal hermeneutische, d.h. verstehende Konzeption entgegengesetzt zu haben. Freuds Ansatz der Trieb- und später der Ich-Psychologie wird hier durch das Beziehungsparadigma ersetzt. An die Stelle der Arbeit am intrapsychischen Konflikt tritt die Orientierung an den Schöpfungen (Ko-Konstruktionen) im analytischen Prozess. Dieser Schritt, der zu einer gewaltigen Veränderung des psychoanalytischen Denkens führt, blieb in der »community« nicht unwidersprochen.

So sieht Kernberg[77] in der einseitigen Betonung der intersubjektiven Perspektive eine Möglichkeit, einem vertieften Selbstverständnis auszuweichen. Mertens hält sogar »die Suche nach einer latenten intrapsychischen Realität, die hinter der analytischen Interaktion angesiedelt ist, für klinisch und erkenntnistheoretisch irreführend«.[78]

---

77 Kernberg O (1999), zitiert nach Mertens 2009
78 Mertens W (2009), Seite 129

Andererseits eröffnen die Erkenntnisse der Säuglings- und Gedächtnisforschung[79] ein neues Verständnis für die psychoanalytische Situation, indem sie dem impliziten Beziehungswissen und den prozeduralen Modi des psychischen Funktionierens einen bedeutenden Platz zuweisen. Danach können wir heute annehmen, dass wesentliche Prozesse sich zwischen Analytiker und Patient auf einer sehr basalen Ebene der Beziehungserfahrungen ereignen. Der manifeste Dialog und die Konfliktanalyse sind dabei mehr ein Anlass als der Kern einer hilfreichen Beziehungsgestaltung. Das gilt vor allem für die zunehmenden basalen Beziehungs- und Persönlichkeitsstörungen. Bei ihnen erhält der intersubjektive Ansatz daher aus meiner Sicht eine kaum zu überschätzende Bedeutung.

Wahrscheinlich liegt heute ein Problem im Entweder-Oder der Ansätze, das bei manchen mit einer gewissen Idealisierung des Intersubjektivismus oder einer schroffen Ablehnung verbunden ist. Dabei ist es denkbar, dass die Praxis der Psychoanalyse künftig intersubjektive Auffassungen und Techniken zur Konsolidierung basaler Identitätsprobleme, Störungen des Selbsterlebens und defizienter Beziehungserfahrungen stärker berücksichtigen wird, ohne dabei die Notwendigkeit rekonstruktiver Arbeit an den reiferen Konfliktstrukturen zu vernachlässigen. Damit würde sich eine Integration des hermeneutischen Verstehens und des positivistischen Erklärens abzeichnen, die in der klinischen Situation ohnehin zusammenspielen – nach dem Motto, dass kein Phänomen aus seinem Kontext herausgelöst hinreichend begriffen werden kann. So unvereinbar, wie es manchem heute erscheint, wären die klassische Psychoanalyse und das neuzeitliche Paradigma dann doch nicht.

---

79 Vgl. 4. Vorlesung und vgl. 5. Vorlesung

Einführung in die relationale Psychoanalyse

Die relationale Psychoanalyse ist ein intersubjektiver Ansatz,[80] der in der interpersonellen Theorie wurzelt und diese mit der britischen Objektbeziehungstheorie verbindet. Ihr Motto ist »Psychoanalyse als gegenseitige Beziehung und Bezogenheit«.

Vorläufer in der interpersonellen Theorie

Die interpersonelle Theorie war ab 1940 im William Alanson White Institute in New York, dem damaligen Zentrum der amerikanischen Neopsychoanalyse, von Harry Stack Sullivan und anderen entwickelt worden. Sie betrachtet die aktuellen Probleme von Patienten stärker im Lichte gegenwärtiger und biografischer Beziehungserfahrungen als vor dem Hintergrund verdrängter Konflikte. Entscheidend für das Verständnis und die Therapie sind maladaptive Interaktionszirkel, in die der Analytiker hineingezogen wird und die im Hier und Jetzt durch ganz neue erwachsenere Formen von Erfahrungen verändert werden sollen. Der Vergangenheitsbezug spielt dabei keine zentrale Rolle.

Die interpersonelle Theorie war während der Zeit der Dominanz der Ich-Psychologie in den USA isoliert geblieben. Erst um 1980 begann eine Integration mit der Objektbeziehungstheorie. Sie wurde vor allem von Steven A. Mitchell betrieben, der 1983 zusammen mit Jay R. Greenberg das bahnbrechende Buch *Object Relations in Psychoanalytic Theory*[81] verfasste. Mit ihm vollzog sich ein Wandel von der rein interpersonellen hin zur relationalen Psychoanalyse.

---

80 Mertens betont die Notwendigkeit, die relationale Psychoanalyse von der intersubjektiven Theorie zu unterscheiden. Mertens W (2009), S. 186
81 Mitchell SA, Greenberg JR (1983)

3. Vorlesung Intersubjektivität – das neue Paradigma

Abb. 3.2: Der amerikanische Psychoanalytiker Harry Stack Sullivan (1892–1949)[82] begründete schon in den 1940er Jahren die interpersonelle Tradition. Sie konnte sich damals nicht durchsetzen und blieb lange auf das New Yorker William Alanson White Institute beschränkt. (© The Washington School of Psychiatry, Washington DC)

Das relationale Modell von Steven A. Mitchell

Kennzeichen der relationalen Psychoanalyse ist die Betrachtung des Menschen als ein Wesen, dessen Entwicklung und Entfaltung durch seine primäre Bezogenheit geprägt und vorangetrieben werden – im Gegensatz zu der biologisch fundierten Motivation nach dem Trieb-Struktur-Modell. Es geht Mitchell also um konflikthafte Beziehungen und nicht – wie Freud – um Triebe und Triebschicksale.

Die relationale Psychoanalyse kann wie folgt charakterisiert werden:

- Sie stellt die Begegnung in der psychoanalytischen Situation in das Zentrum.

---
82 Trilogie II, S. 36 ff.

- Sie erkennt an, dass beide Beteiligte zur Begegnung beitragen und gemeinsam die Art und den Inhalt des psychoanalytischen Dialoges erschaffen.
- Die Realität der Beziehung wird von Patient und Analytiker gemeinsam konstruiert.
- Der analytische Prozess ist demnach eine Ko-Konstruktion in der Begegnung.

Mitchell nahm gegenüber der klassischen »monadischen« Auffassung der Psyche eine Gegenposition ein, indem er das Innerseelische und das Interpersonelle als gemeinsame psychische Realität konzipierte, die beide aus der Bezogenheit erwachsen. Er spricht von der relationalen Matrix.[83] Subjektivität und Individualität erscheinen ihm als Folge der Bezogenheit und nicht als Voraussetzung. Erst die Bezogenheit lässt den Menschen zu seiner Individualität finden.

Mit diesem Ansatz bezieht Mitchell sich nicht nur auf Sullivan. Er nimmt auch Gedanken von William R. D. Fairbairn[84] (1889–1964), Hans W. Loewald[85] (1906–1993) und Donald W. Winnicott (1896–1971) auf, die das Augenmerk auf die Interaktionsprozesse in der Genese der Triebe und im psychoanalytischen Prozess richteten.

Als Grundelement des Psychischen betrachtet Mitchell »Mikrokosmen des Beziehungsfeldes«.[86] Es sind subjektiv erlebte innere Räume. Sie entstehen, ganz im Sinne von Sullivan, durch Verinnerlichung von erfahrenen Beziehungskonstellationen. Bei der Verinnerlichung werden die Beziehungserfahrungen in persönliche Bedeutungen eingebettet. Daraus ergeben sich Erlebnismuster, die das Selbst und die Sicht der Außenwelt organisieren.

Beziehungserfahrungen, intrapsychische Bewertung und die wiederkehrenden Muster, nach denen das Erleben des Selbst und der Beziehungen organisiert wird, stehen miteinander in einer Wechselwirkung.

---

83 Mitchell SA (1988)
84 Fairbairn WRD (2000)
85 Loewald P (1980)
86 Mitchell SA (2000)

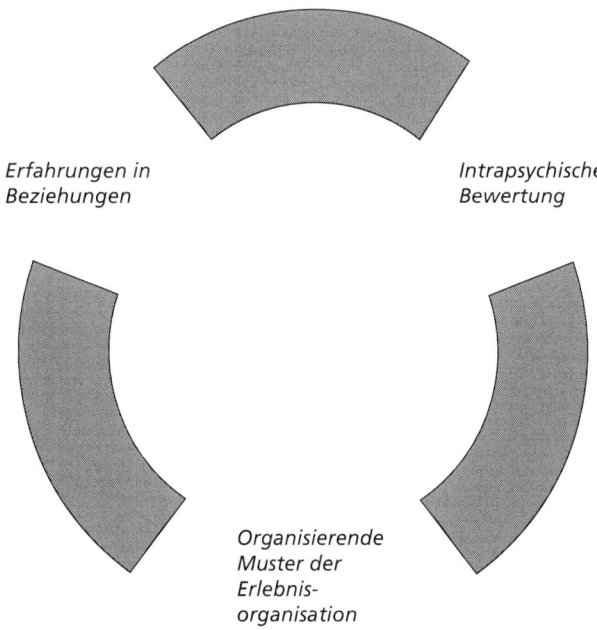

Abb. 3.3: Mikrokosmen des Beziehungsfeldes nach Mitchell

Auf diese Weise nehmen sie beständig Einfluss aufeinander und erschaffen sich ständig neu.

Motivationen beruhen dabei auf dem Bedürfnis, sich in Beziehung zu setzen und dabei das eigene Selbst zu entwickeln. Biologisch fundierte Motivationen im Sinne von Trieb- oder Bindungswünschen spielen bei der Konstituierung der Persönlichkeit aus der Sicht von Mitchell dagegen keine Rolle. Triebe wie Sexualität und Aggression tauchen natürlich unweigerlich irgendwann in Beziehungen auf, sie sind nach Mitchell aber nicht persönlichkeitsbildend. Sie erhalten erst in der Beziehung eine Bedeutung, und zwar durch die Art und Weise, wie sie ausgelöst, erlebt und abgeführt werden. Dieser Beziehungskontext ist wichtiger als die Befriedigung von Organlust.

Diese Auffassung stellt den ursprünglichen Ansatz der Psychoanalyse gewissermaßen auf den Kopf. Dieser ging bekanntlich von biologisch determinierten Trieben aus, die als Organisator der Entwicklung wirken und die psychische Struktur formen. Dem gegenüber ist es im relationalen Ansatz die Beziehung, welche den Trieb strukturiert.

> **Kasten 3.3: Stephen A. Mitchell (1946–2000)**
>
> Mitchell wurde 1946 in Manhattan geboren und verbrachte den größten Teil seines Lebens in New York.
>
> Er absolvierte in den 1970er Jahren seine Ausbildung am William Alanson White Institute, an dem die interpersonale Tradition des Mitbegründers H. S. Sullivan lebendig geblieben war und an dem er danach selbst als Dozent und Lehranalytiker tätig wurde.
>
> Er erhielt eine Professur für Psychotherapie und Psychoanalyse an der New York State University. Diese Tätigkeit regte ihn an, seine Ideen zur relationalen Psychoanalyse zu konzipieren und damit an die Öffentlichkeit zu treten.
>
> 1983 verfasste er zusammen mit Jay R. Greenberg das bahnbrechende Buch *Object Relations in Psychoanalytic Theory*, in dem der interpersonale Ansatz mit der Objektbeziehungstheorie verbunden wurde. Dieses Buch gilt als Geburt der relationalen Psychoanalyse.
>
> 1991 gründete er die Zeitschrift *Psychoanalytic Dialogues*, die auch den Richtungen außerhalb des offiziellen »Mainstreams« der Psychoanalyse offenstand.
>
> Mitchell verstarb überraschend im Jahre 2000 im Alter von nur 54 Jahren.
>
> - 1997 Psychoanalyse als Dialog (deutsch 2005)
> - 2000 Bindung und Beziehung (deutsch 2003)
> - 2002 Kann denn Liebe ewig sein (deutsch 2004)

Abb. 3.4: Stephen A. Mitchell

Behandlung

Wenn man den psychoanalytischen Dialog als eine gemeinsame Schöpfung betrachtet, dann hat das natürlich weitreichende Konsequenzen für die Behandlungspraxis. Der Analytiker muss sich auf eine mehr oder weniger gleichrangige Ebene mit dem Patienten begeben, damit sich kreative und szenische interaktionelle Prozesse entwickeln können und ein relationaler Dialog in Gang kommt und gelingt.

Das bedeutet, dass er die Freud'sche Abstinenz im Sinne der »Spiegelhaltung«[87] und die Position des Wissenden aufgibt und zum Mitgestalter wird, zwar stets um Verstehen bemüht, aber doch immer aus der Teilhabe am Gesamten heraus. Er weiß zunächst nicht(s), und schon gar nicht von vornherein »alles« – so könnte man diese Haltung beschreiben. Beide Beteiligte bringen gemeinsam in Erfahrung, welche Botschaft und welche intersubjektive Wahrheit die jeweilige analytische Situation enthält. Das ist ein Prozess in Worten, vor allem aber auch in Inszenierungen, die sich erst auf der emotionalen Ebene von Übertragung und Gegenübertragung erschließen.

Der Göttinger Psychoanalytiker Michael Buchholz beschreibt die Begegnung in der relationalen Psychoanalyse in einer Würdigung von Ste-

---

87 Freud S (1915a); vgl. Trilogie I, S. 71

ven Mitchell mit folgenden Sätzen: »Hier wird gelitten und nach Worten gerungen, hier wird gekämpft, geweint, getrotzt, verführt und beeinflusst. Das alles geschieht, geschieht und geschieht, und am Ende steht manchmal eine Einsicht, eine hilfreiche Klärung, manchmal aber auch nur ein beruhigendes Wort.«[88]

Natürlich ist der Analytiker auf Grund seiner spezifischen Ausbildung und Kenntnisse, seines theoretischen Wissens immer auch in einer Sonderrolle. Die analytische Beziehung ist daher zugleich symmetrisch und asymmetrisch. Das ist das Paradox, das in der Behandlung ertragen werden muss.

Die psychoanalytische Behandlung zielt im Kontext der relationalen Psychoanalyse darauf ab, subjektive Bedeutungen zum Tragen kommen zu lassen, die zwischen Patient und Analytiker ausgehandelt werden, und im Hier und Jetzt zu ergründen. Die Beziehung im Hier und Jetzt dominiert also völlig das Feld der Beobachtung und der Wahrnehmung, wogegen die Bezugnahme auf die Entwicklung, also die Dimension der Biografie, kaum mehr eine Rolle spielt.

Ein Merkmal der therapeutischen Haltung in der relationalen Behandlung ist die selektive Offenlegung persönlicher Erfahrungen und Gefühle, also ihre Mitteilungen nach sorgfältiger Reflexion der Gegenübertragung. Dieses Mittel der Behandlung erzeugt ein Klima von beteiligtem Miteinander. Das ist jedoch etwas völlig anderes als eine unkontrollierte Selbstenthüllung.

Selektiv heißt, dass der Analytiker nicht unkontrolliert seine eigene Beteiligung preisgibt, sondern nur in dem Maße, wie er es nach Beurteilung der Gesamtsituation für nützlich für den Patienten hält. Das ähnelt dem »Prinzip Antwort« in der interaktionellen Methode, die etwas früher in Deutschland von Annelise Heigl-Evers und Franz Heigl beschrieben worden ist.[89] Die Idee dahinter ist, dass auf diese Weise neue Beziehungskonstellationen erfahren und verinnerlicht werden können und der Patient an der Begegnung reift.

---

88 Buchholz M (2003), S. 9
89 Heigl-Evers A, Heigl F (1988). Vgl. auch den Abschnitt »Das Aufkommen des strukturorientierten Ansatzes« in der 1. Vorlesung

Kasuistisches

- In einer Supervision riet ich einer Kollegin, die sich entschieden hatte, sich nach jahrelanger Behandlung erschöpft aus einer Borderline-Therapie zurückzuziehen, mit ihrer Patientin etwa Folgendes zu besprechen: Dass sie tatsächlich nach all der Zeit erschöpft sei; dass sie spüre, die Grenzen ihrer Möglichkeiten erreicht zu haben; dass sie das erkläre, damit die Patientin sich orientieren könne und verstehen könne, warum sie die Behandlung nicht mehr weiterführen könne; dass sie der Patientin damit nicht Schuldgefühle machen wolle; dass sie auch spüre, dass die Patientin noch weiter Behandlung brauche, und dass es ihr sehr, sehr leid tue, dass sie selbst diese Behandlung nicht mehr anbieten könne. Und schließlich: dass es schmerzlich für sie sei, ihr – der Patientin – damit weh zu tun.

- In einer eigenen Behandlung sagte ich einem Patienten, der seine Behandlung bei mir aus Wut über meine Praxisverlegung abbrechen wollte, nach langem Zuhören und nachdem er ein wenig Abstand zu seiner Wut bekommen hatte: »Es tut mir aufrichtig leid, dass ein Ereignis, das in meinem Leben eine so große Bedeutung hat und an dem ich nichts ändern kann, Ihnen so viel Kummer bereitet.«

Bewertung

Der relationale Ansatz hat eine Reihe von Grundannahmen zusammengetragen und integriert, die bereits vorher in anderen Strömungen der Psychoanalyse angeklungen sind. Er hat damit der Psychoanalyse vor allem in den USA nach dem Verblassen der Ich-Psychologie neue Impulse gegeben, die auch nach Europa ausstrahlen und sich als außerordentlich anregend und fruchtbar erweisen.

Allerdings wird diesem Denken oft vorgehalten, dass es polarisiert, das Freud'sche Triebkonzept missversteht und Freuds Werk, vor allem bezüglich der abstinenten Haltung des Psychoanalytikers, unzureichend wiedergibt. Mitchells Kritik gehe von veralteten Vorstellungen aus und berücksichtige nicht die Praxis der zeitgenössischen Freudianer. Letztlich vernachlässige der relationale Ansatz das dynamische Unbewusste zu Gunsten einer sozialpsychologischen Beziehungsarbeit.

Dennoch haben das relationale Denken und die daraus abgeleitete veränderte psychoanalytische Haltung in die verschiedenen Schulrichtungen Eingang gefunden und sind nicht auf Mitchells Schüler begrenzt geblieben. Es ist sogar zu fragen, ob die zunehmend beziehungs- und aktualgenetisch orientierte und annehmende psychoanalytische Haltung, die heute für die Praxis vieler Psychoanalytiker prägend ist, nicht auf einen relationalen und intersubjektiven Einfluss verweist.

Sicherlich stellt der relationale Ansatz gewohnte Denkschemata in Frage. Mag er hier und da auch provokativ sein und über das Ziel hinausschießen – er kennzeichnet auf jeden Fall eine neue Art, Psychoanalyse zu betreiben, die herausfordert und sicher noch viel zu denken geben wird.

Kasten 3.4: Grundannahmen der relationalen Psychoanalyse[90]

- Der Analytiker ist immer Teilnehmer und nicht Beobachter.
- Veränderung geschieht durch Beziehung, nicht durch Deutung.
- Deutungen vermitteln Beziehungserfahrungen und verändern Beziehungsmuster.
- Das Agieren des Analytikers ist unvermeidlich.
- Authentizität ist notwendig und rechtfertigt Selbstenthüllungen.
- Analytiker und Patient haben gleichrangigen Zugang zur »Wahrheit« der Beziehung.

Zum Abschluss stelle ich in Anlehnung an Fonagy und Target die wichtigsten Grundannahmen der relationalen Richtung zusammen.

---

90 Fonagy P, Target M (2003), S. 307

Intersubjektive Ansätze in Deutschland

Die intersubjektive und relationale Theorie hat mit einiger Verzögerung auch Eingang in die deutschsprachige Psychoanalyse gefunden. Dabei ist wenig beachtet worden, dass auch hier – inhaltlich unabhängig von den Entwicklungen in den USA und zeitlich parallel dazu – intersubjektive und relationale Ansätze entwickelt wurden. Sie haben allerdings, wahrscheinlich wegen der Sprachbarriere, im internationalen Diskurs wenig Beachtung gefunden.

Ausgehend von Paula Heimanns diagnostischer Verwertung der Gegenübertragungs-Manifestationen zum Verständnis der Innenwelt der Patienten[91] und Sandlers Konzept der Bereitschaft des Analytikers zur Rollenübernahme[92] entstand hier zögernd ein Therapieverständnis, in dem der therapeutische Prozess als gemeinsames Werkstück und geteilte Erfahrung in der Begegnung von zwei Unbewussten zur leitenden Idee wurde. Beispielhaft dafür sind die Arbeiten von Jürgen Körner (geb. 1943), der Übertragung und Gegenübertragung als Einheit betrachtete.[93]

Übertragung als zirkulärer Prozess

In meinen eigenen Arbeiten habe ich dazu ebenfalls Ideen entwickelt.[94] Dabei ging ich von der praktischen Erfahrung aus, dass Gegenübertragungen in mir Reaktionen hervorriefen, die ich weniger als Bereitschaft zur Rollenübernahme verstehen konnte, sondern viel eher vor dem Hintergrund der Aktivierung eigener unbewusster Reaktionsbereitschaften, also eigener Übertragungen. Es überraschte mich, dass ich feststellen musste, dass meine Patienten auf derlei Eigenübertragung nun ihrerseits mit Gegenübertragungen reagierten. Mir wurde in der Auseinandersetzung mit diesen Prozessen immer deutlicher, dass »Übertragung« ein

---

91 Heimann P (1950). Vgl. Trilogie II, S. 77 ff.
92 Sandler J (1976)
93 Körner J (1990); Körner J (1991)
94 Ermann M (1984); Ermann M (1987); Ermann M (1993)

zirkulärer Prozess ist, der von beiden Beteiligten gestaltet wird, ein Prozess, an dem sie reifen – oder auch scheitern können. Damals schrieb ich: »Für ein vertieftes Verständnis des Übertragungsprozesses hat die Beachtung der Gegenübertragung ... eine hervorragende Bedeutung. Es wurde mir immer deutlicher, dass unter der Einwirkung von Übertragungsphantasien zwei Dinge geschehen: Der Patient betrachtet sich selbst, den Analytiker und die gemeinsame Situation mit den Augen seiner Kindheit ... Zugleich bringt er durch projektiv-identifikatorische Interaktionen den Analytiker dazu, sich selbst dieser Sicht entsprechend zu erleben und sich in der Identifikation seinerseits mit den Kindheitsaugen des Analysanden zu betrachten. Dadurch entsteht in der analytischen Situation ein regressives Objekterleben, an dem beide beteiligt sind ...

In der analytischen Situation sind auch die regressiven Erlebniskonfigurationen des Analytikers aktiv. Das bedeutet: Mit seinen inneren Objekten reagiert er nicht nur auf die Beziehungsangebote des Analysanden. Je mehr die Begegnung auch regressive Erlebnismodi aktiviert, umso stärker gestaltet er unbewusst die Beziehung durch eigene projektive Prozesse auch mit. Seine unbewussten – auch konflikthaften und zunächst abgewehrten – Phantasien, Ängste und Bedürfnisse werden wirksam und zum gestaltenden Element der analytischen Beziehung. Denn der Beziehungsmodus der Projektionen und der Identifizierung mit den Projektionen ist kein einseitiger, der nur vom Patienten ausgeht und nur den Analytiker erreicht. Analysanden reagieren ebenso unbewusst auf uns – und zwar nicht nur auf unsere Erscheinung, unser bewusstes Verhalten, unsere Interventionen und vorbewussten Entwürfe und Konzepte, sondern auch auf unsere Projektionen, die wir selbst nicht – jedenfalls zunächst nicht – bemerken.

Die Übertragung vollzieht sich dann zusehends als zirkulärer Prozess, den die beiden Beteiligten gleichsam miteinander aushandeln. ... Der Übertragungsprozess ist ein Kompromiss zwischen den unbewussten Intentionen der beiden Beteiligten, das Ergebnis einer Begegnung, ein gemeinsames Werkstück, an dem zwei Schicksale beteiligt sind und aufeinander einwirken.«[95]

---

95 Ermann M (1993), S. 53 ff.

Szenisches Verstehen und Handlungsdialog

Der Begriff der Szene ist heute ein zentraler Bezugspunkt der psychoanalytischen Wahrnehmungseinstellung. Er beschreibt, wie sich die psychoanalytische Situation als Ganzes entwickelt, und fokussiert dabei auf die »szenische Funktion des Ichs«[96] des Patienten, der unbewusste situative Erfahrungen in der Begegnung zum Analytiker interaktionell nachgestaltet. Dieser wird in die Inszenierung mit einbezogen, d. h. er wird zunächst unbewusst zum Mitgestalter der Szene. Unbewusste, zumeist infantile Erfahrungen werden damit in die aktuelle Begegnung eingebracht. Es handelt sich um eine gemeinsame Neuschöpfung in der Beziehung und nicht nur um eine Nachgestaltung im Sinne einer Wiederholung. Das ist der intersubjektive Aspekt dieses Konzeptes.

Inszenierungen entstehen als Bewältigungsmöglichkeit, wobei die Begegnung mit dem Analytiker als Bewältigungsaufgabe verstanden wird. Sie kann eine kreative Leistung darstellen und etwas aus dem Innersten mitteilen, das noch gar nicht bewusst ist. Sie kann aber auch eine konfliktabwehrende Funktion haben, indem sie klischeehafte Übertragungsmuster reproduziert.

Mit dem »szenischen Verstehen«,[97] einer Funktion des Analytikers, versucht dieser, durch Entschlüsselung seiner Gegenübertragung intuitiv die unbewusste Situation zu erfassen, die sich hinter der Inszenierung verbirgt.

Das Konzept wurde am Frankfurter Sigmund-Freud-Institut von Hermann Argelander in Zusammenarbeit mit Alfred Lorenzer entwickelt und ist heute für die psychoanalytische Diagnostik und Verlaufsbeobachtung unentbehrlich. Argelander (geb. 1920) war einer der ersten, der daneben die Narzissmus-Theorie von Heinz Kohut in Deutschland einführte.[98] Lorenzer (1922–2002) gilt als Neubegründer der Sozialpsychoanalyse und vertrat wissenschaftstheoretisch eine radikal tiefenher-

---

96 Argelander H (1970)
97 Lorenzer A (1970a)
98 Argelander H (1972)

meneutische Position,[99] die in das Konzept des szenischen Verstehens Eingang fand. Durch das zunehmende Wissen um vorsprachliche unbewusste Erfahrungen verstehen wir heute, dass ein bedeutender Teil der szenischen Informationen aus der implizit codierten Beziehungserfahrung stammt und prozedural in die Beziehung eingebracht wird. Es handelt sich größtenteils also um subsymbolische, nicht mentalisierte affektive und leibliche Erfahrungen, die in der Szene abreagiert werden. Ulrich Streeck (1944–2023) hat sich in sein letzten Jahren diesem Thema zugewandt und mit seinen Befunden unser Verständnis für diese Prozesse bereichert.[100]

Es ist das Verdienst von Rolf Klüwer (1925–2011), dem Frankfurter Psychoanalytiker, die mit Vorurteilen behafteten Konzepte des Agierens und Mitagierens »entgiftet« und in den Zusammenhang des szenischen Verstehens gestellt zu haben.[101] Er setzte an die Stelle des Handelns und Mithandelns als Abwehroperation das Konzept des Handlungsdialogs als schöpferische Gestaltung. Damit richtete er die Aufmerksamkeit auf die Tatsache, dass unbewusste Mitteilungen sich unreflektiert im Nichtsprachlichen äußern können, indem etwas zwischen zwei Menschen »einfach so passiert«, d.h. spontan und unreflektiert geschieht. Auch hier wird der Psychoanalytiker also in das Geschehen einbezogen. Er reagiert mit, d.h. er entwickelt eine handelnde Gegenübertragung auf die vorbewusste nonverbale Aktion des Patienten. So entsteht ein Dialog ohne Worte, ein Handlungsdialog.

Heute betrachten wir Inszenierungen und Handlungsdialoge als Enactment[102]. Sie enthalten wertvolles Material, in dem sich das Unbewusste im Hier und Jetzt noch direkter ereignet, als es sich in Träumen, Fehlhandlungen und auch in der Übertragung zeigt. Indem der Analytiker in die Gestaltung aus dem Unbewussten einbezogen wird und nicht nur Ziel und Objekt einer Übertragung ist, kommt er in die Lage, un-

---

99 Lorenzer A (1974)
100 Streeck U (2009)
101 Klüwer R (1983)
102 Heisterkamp G (2004)

mittelbar *in der Übertragung*[103] zu verharren und aus dieser Position heraus Einfluss auf das Erleben des Patienten zu nehmen.

Dialektisch-emanzipatorische Beziehungsanalyse

1980 veröffentlichte die Münchener Psychoanalytikerin Thea Bauriedl (1938–2022) mit ihrem Buch »Beziehungsanalyse«[104] ein Konzept, in dem sie ein »dialektisch-emanzipatorisches Prinzip der Psychoanalyse« beschrieb, das sie auf verschiedene Settings, insbesondere auch auf die Familientherapie, anwandte. Was ist mit dem etwas sperrig klingenden Begriff dialektisch-emanzipatorisches Prinzip gemeint?

Bauriedl versteht die therapeutische Beziehung in der Psychoanalyse als symmetrischen interaktionellen Prozess. Übertragung und Gegenübertragung bilden dabei ein Geflecht, in das der Analytiker ebenso eingewoben ist wie der Patient. Das Ziel der Psychoanalyse ist die Veränderung interpersoneller und intrapsychischer Beziehungsmuster. Dieser Prozess muss – das ist Bauriedls zentrale Annahme – im Analytiker beginnen, indem er in einem dialektischen Miteinander von Abgegrenztheit und Bezogenheit einen Raum für den Analysanden bereitstellt. Hier können sich die unbewussten Szenen der Beteiligten entfalten und die Struktur gewordenen Erfahrungen neu konstellieren. Indem beide Beteiligte an diesem Prozess teilhaben, kommt es durch gegenseitige (emanzipatorische) Einflussnahme zu einer Veränderung, die auf die interpersonellen und die innerseelischen Beziehungsmuster einwirkt. Dadurch kommt es zur Weiterentwicklung und Reifung.

Bauriedl hat mit diesem Konzept die Objektbeziehungstheorie in einem intersubjektiven Sinne ausdifferenziert. Sie hat ihr Konzept später nicht weiterentwickelt, sondern sich der politischen Psychoanalyse zugewandt und ist zu einer Vorreiterin dieser Richtung in Deutschland geworden.

---

103 Körner J (1990)
104 Bauriedl T (1980)

4. Vorlesung
Neue Einsichten in die Frühentwicklung

Die Psychoanalyse hat sich seit der Entdeckung der infantilen Wurzeln der Neurosen um die Kindheit gekümmert. Spätestens seit Freuds »Drei Abhandlungen zur Sexualtheorie« aus dem Jahre 1905 kann man von einer psychoanalytischen Entwicklungslehre sprechen. In dieser Vorlesung werde ich kurz auf die klassische psychoanalytische Entwicklungspsychologie eingehen und dann auf die Veränderungen des Bildes des heranwachsenden Menschenkindes durch die Säuglingsforschung in den letzten Jahrzehnten. Der zweite Teil befasst sich mit der Bindungstheorie, die heute auch unter Psychoanalytikern Beachtung findet. Zum Abschluss werde ich die Bedeutung der Bindungstheorie für die Psychoanalyse erörtern.

Die klassische Auffassung

Die klassischen psychoanalytischen Vorstellungen über die psychische Entwicklung und die daraus abgeleitete Entwicklungstheorie hat mehrere Besonderheiten:

- Sie beruhte anfangs ausschließlich auf Schlussfolgerungen aus psychoanalytischen Behandlungen von Erwachsenen, d. h. sie beruhte nicht auf direkten Beobachtungen von Kindern. Es handelt sich also um eine rekonstruktive Entwicklungstheorie.

- Selbst dort, wo man Kinder und Jugendliche behandelte, wurden Konzepte aus der Erwachsenenpathologie herangezogen – so zum Beispiel im Falle des »Kleinen Hans«, Freuds berühmter Supervision einer Kinderbehandlung, an der er sein Konzept des Ödipuskomplexes verifizierte.
- Erst mit der Etablierung der Kinderanalyse in den 1920er Jahren entstand eine gewisse Gegenbewegung derart, dass nun Kinderbehandlungen die Entwicklung der allgemeinen Theorie zu befruchten begannen. So entwickelte Melanie Klein die maßgeblichen Positionen ihrer Objektbeziehungstheorie, das Konzept der paranoid-schizoiden und der depressiven Position, anhand ihrer Erfahrungen in Kinderanalysen.
- Eine weitere Besonderheit ist die Tatsache, dass die Hypothesenbildung über die normale kindliche Entwicklung auf klinischem Material aufbaute, das aus Krankenbehandlungen stammte. Die Entwicklungstheorie der klassischen Psychoanalyse setzte also Psychopathologie und Normalpsychologie weitgehend gleich.

Diese Besonderheiten haben die analytische Entwicklungstheorie nicht nur angreifbar gemacht; wie wir heute wissen, hat sie auch über Jahrzehnte ein Bild der kindlichen Entwicklung gelehrt, das der empirischen Überprüfung in weiten Bereichen nicht standgehalten und sich teilweise als unzutreffend erwiesen hat. Das gilt vor allem für die Anfangssituation der Entwicklung nach der Geburt und in den ersten Phasen des Lebens.

Freuds Lehre der phasenhaften Triebentwicklung mit der Krönung durch den Ödipuskomplex kann im Großen und Ganzen beibehalten werden. Dabei wird die damals als skandalös empfundene Zentrierung auf die erogenen Zonen und den Ödipuskomplex heute mit Gelassenheit betrachtet. Allerdings wird die Bedeutung der Triebentwicklung für die Normalpsychologie und die Psychopathologie jetzt völlig anders bewertet als zu Freuds Zeiten.

Der Blickpunkt hat sich von der Betrachtung der Triebentwicklung hin zu den Objektbeziehungen, zur Entwicklung des Ich und des Selbst und zu Fragen der Identität verschoben. Es hat sich aber auch das gesellschaftliche Umfeld, von dem aus Freud die Neurosenentstehung betrachtet hat, grundlegend verändert und nicht nur die Perspektiven verschoben, sondern auch neue Formen der seelischen Störungen hervorgebracht. Die Hysterie und andere klassische Neurosen, die Domäne der Freud'schen Forschungen, sind weitgehend verschwunden, wohingegen die neuen Pathologien, insbesondere Narzissmus und Borderline, durch triebpsychologische Konzepte nicht mehr genügend zu fassen sind.

Als völlig unhaltbar erwies sich die Annahme einer autistischen Phase des primären Narzissmus beim Neugeborenen, in der die Libido noch ganz an die eigene Person gebunden sein sollte. Diese Frühphase wurde zu Freuds Zeiten so gesehen, dass der Mensch als ein völlig hilfloses Wesen in eine mehr oder weniger feindselige Welt hineingeboren wird, in der er eigentlich gar nicht überleben kann. So glaubte Freud sogar, dass der Säugling die Welt ablehnt, und sah darin eine Quelle des Hasses, so dass die folgende Entwicklung erst eine Hinführung zur Welt leisten müsste[105].

Erst mit der Etablierung der eigentlichen Kinderanalyse in den 1920er Jahren begann man, die Besonderheiten der Kindheit genauer zu studieren. Insbesondere Melanie Klein und Anna Freud machten hier neue Entdeckungen.[106] Es blieb aber dabei, dass die normale Entwicklung aus der pathologischen rekonstruiert wurde und gesunde Kinder nicht näher untersucht wurden.

Säuglingsforschung

Das änderte sich erst um die Mitte des vorigen Jahrhunderts, als sich das Interesse in den psychoanalytischen Behandlungen mit dem Aufkommen der »frühen Störungen« vom Ödipuskomplex zur präödipalen Mutter-Kind-Beziehung verschob, über die es wegen der entwicklungsspezifischen Amnesie naturgemäß keine Erinnerungen gibt. Zwar verbreiteten sich neue Annahmen und Vermutungen bis hin zu unhaltbaren Konzepten wie dem der »schizophrenogenen« Mutter, gleichzeitig entstand

---

105 Freud S (1915b), S. 231
106 Trilogie II, 3. Vorlesung

aber auch ein wachsendes Bedürfnis nach wissenschaftlich fundierten Erkenntnissen über die frühen Entwicklungsphasen. Das gab den Anstoß zu Forschungen, die sich vor allem mit der Bewältigung von frühen Trennungen befassten.

Die Pioniere waren René Spitz und Margaret Mahler, zwei Emigranten, die beide 1938 in die USA gingen und dort im Umfeld der amerikanischen Ich-Psychologie begannen, das Verhalten von Kindern außerhalb von Behandlungen in mehr oder weniger alltäglichen Situationen zu studieren.

René Spitz

Ein Meilenstein der Säuglingsforschung sind die Beobachtungsstudien, die René Spitz noch vor dem Zeitraum, den ich in diesem Band behandele, gemacht hatte, die aber wegen ihrer Wichtigkeit hier Erwähnung finden sollen.[107] Er wurde als einer der ersten Säuglingsforscher bekannt. Er untersuchte mit Hilfe von Filmaufnahmen das Verhalten von Kleinkindern, die von ihren Müttern getrennt wurden. Dabei entdeckte er die »anaklitische Depression« als Hospitalismusschaden, d.h. als Reaktion darauf, dass Kinder in Kliniken von der mütterlichen »Affektzufuhr« abgeschnitten wurden.

1965 veröffentlichte er sein berühmtes Buch *Vom Säugling zum Kleinkind*[108]. Darin beschrieb er eine Reihe von Verhaltensänderungen im Laufe der kindlichen Entwicklung. Sie sind Beispiele für psychische Äußerungen, die nach Spitz die Integration von psychischen Funktionen zu komplexeren Strukturen anzeigen. Er nennt sie psychische »Organisatoren«. Spätere Forscher wurden darauf aufmerksam, dass sie Marksteine für dramatische Veränderungen in der sozialen Bezogenheit und in den Interaktionen sind.

---

107 Vgl. Trilogie II, S. 34 und 44
108 Spitz R (1965)

Säuglingsforschung

Abb. 4.1: René Spitz (© The New York Psychoanalytic Society & Institute)

Kasten 4.1: René Spitz (1887–1974)

In Wien als Kind ungarischer Eltern geboren, wuchs er in Budapest auf, wo er auch Medizin studierte. Er war Schüler von Sándor Ferenczi und 1911/12 der erste Lehranalysand von Sigmund Freud. Er wurde Psychiater und diente als Arzt im Ersten Weltkrieg.

1924 übersiedelte er nach Wien und 1928 nach Berlin, wo er eine Praxis betrieb. Ab 1932 lebte er in Paris.

1938 emigrierte Spitz nach New York, wo er am City College und im Mount Sinai Hospital wirkte.

1957 erhielt er einen Lehrstuhl an der University of Colorado. Dort, in Denver, starb er 1974.

- 1957 Die Entstehung der ersten Objektbeziehungen
- 1957 Nein und Ja. Die Ursprünge der menschlichen Kommunikation (deutsch 1957)
- 1965 Vom Säugling zum Kleinkind (deutsch 1968)

> **Kasten 4.2: Organisatoren der Entwicklung nach Spitz (1965)**
>
> - **Das Antwortlächeln** (soziales Lächeln) mit 3 Monaten zeigt die Trennung zwischen Selbst und Objekt an.
> - **Die Achtmonatsangst** markiert die Unterscheidung zwischen verschiedenen Objekten und die besondere Bindung an die Mutter.
> - **Das erste Nein** mit 18 Monaten weist auf die beginnende Autonomie und Selbstbehauptung hin.

Die Bedeutung dieser Befunde liegt m. E. weniger in der klinischen Anwendung als vielmehr darin, dass sie den Blick der Psychoanalyse auf die reale Kindheit gelenkt haben und damit der bis dahin vorherrschenden Theorielastigkeit bei der Betrachtung der Kindheitsentwicklung entgegengetreten sind. Allerdings scheint Spitz nicht in der Lage gewesen zu sein, seine empirischen Befunde in seine psychoanalytische Praxis zu integrieren. So jedenfalls beschreibt es Lotte Köhler,[109] die Spitz wegen seiner empirischen Studien als Supervisor gewählt hatte und enttäuscht feststellen musste, dass er in der klinischen Situation ausschließlich auf Konzepte der Freud'schen Triebtheorie zurückgriff. Sie erklärt das mit einer tiefgründigen Loyalität gegenüber Freud, seinem Lehranalytiker, die er offenbar nicht zu überwinden vermochte.

Margaret Mahler

An der Grenze des Berichtszeitraumes dieses Bandes liegen die Studien der anderen Pionierin der analytischen Entwicklungspsychologie. Es ist Margaret Mahler. Sie stammte aus Ungarn, hatte in Wien ihre psychoanalytische Ausbildung gemacht und hat ihre wesentlichen Studien ebenfalls nach der Emigration in den USA betrieben.

---

109 Köhler L (2007), S. 45

> **Kasten 4.3: Margaret Mahler (1897–1985)**
>
> Margaret Mahler wurde 1897 in Sopron (Ödenburg) in Ungarn geboren. Sie wuchs in Budapest auf. Sie studierte zunächst Ästhetik, dann Medizin, und ließ sich als Kinderärztin in Wien nieder. Dort machte sie die psychoanalytische Ausbildung und eröffnete später eine psychoanalytisch ausgerichtete Kinderklinik.
>
> 1938 emigrierte sie in die USA nach New York. Dort untersuchte sie mit ihrer Forschungsgruppe im Master Child Center Kinder in alltäglichen Situationen.
>
> Sie lehrte und war Ausbildungsleiterin am psychoanalytischen Institut in Philadelphia.
> 1985 starb sie in New York.
>
> - 1975 mit M. Furrer: Symbiose und Individuation Bd. 1 (deutsch 1979)
> - 1975 mit F. Pine und A. Bergman: Die psychische Geburt des Menschen (deutsch 1978)
> - 1985 Studien über die ersten Lebensjahre

Wie Spitz untersuchte auch Mahler vor allem die Reaktion von Kindern auf Trennungen von ihren Müttern. Sie entwickelte ein halbwegs naturalistisches Forschungsdesign und stützte sich auf teilnehmende Beobachtungen durch Kindertherapeuten. Sie ließ dabei Trennungsepisoden auch filmen und von Unbeteiligten hinter Einwegscheiben beobachten. Bei der Auswertung stützte sie sich auf das theoretische Modell der damals in den USA vorherrschenden Ich-Psychologie, das sie gleichsam belegte und nicht weiter hinterfragte. Hier setzt die spätere Kritik an ihren Arbeiten an.

    Mahler entwickelte auf dieser Basis eine Theorie des Individuationsprozesses und der Entwicklung des Selbst aus einer Ich-Nichtich-Matrix. Sie ging davon aus, dass der Säugling sich am Anfang des Lebens mit der

Abb. 4.2: Margaret Mahler (Margaret Schoenberger Mahler Papers, Manuscripts & Archives, Yale University Library)

Mutter in einer Symbiose verschmolzen erlebt und weder die Mutter als getrenntes Wesen noch die Umwelt überhaupt als getrennt von sich wahrnimmt. Erst im Laufe der Entwicklung löst das Kind sich aus der Symbiose und entwickelt sich zu einem Wesen, das seine Individualität wahrnimmt und anerkennt und später als Autonomie erlebt.

Abb. 4.3: In dem Buch »Die psychische Geburt des Menschen« – hier die deutsche Erstausgabe von 1978 – beschrieben Margaret Mahler und Mitarbeiter die frühe Entwicklung im Lichte von experimentellen Kinderbeobachtungen. Das Buch war lange Zeit eine Art Landkarte bei der Behandlung von »frühen« Persönlichkeitsstörungen.

In ihrem berühmten Buch *Die psychische Geburt des Menschen*,[110] das sie 1975 zusammen mit ihren Mitarbeitern Fred Pine und Anni Bergman herausbrachte, beschrieb sie die Frühentwicklung in fünf charakteristischen Phasen zunehmender Selbstständigkeit und Getrenntheit.

---

110 Mahler M, Pine F, Bergmann A (1975)

> **Kasten 4.4: Entwicklungsphasen nach Mahler u. a. (1975)**
>
> - **Autistische Phase** bis ca. 6 Wochen: Erringen eines neuen Gleichgewichts nach der Erschütterung durch die Geburt, starke Besetzung des Körpers, hohe Schranke gegenüber Außenreizen.
> - **Symbiotische Phase**, 2. bis 6. Monat: Enge Verbundenheit und libidinöse Mitbesetzung der Mutter, die Basissicherheit vermittelt und Reizschutz gewährleistet.
> - **Differenzierungsphase**, 5. bis 12 Monat: Loslösung und Individuation als miteinander verschränkte Prozesse. Loslösung meint die beginnende soziale und physische Trennung von der Mutter, Individuation die Anerkennung der Individualität als intrapsychischer Prozess. Basis der Objektkonstanz. Differenzierung des Körperschemas.
> - **Übungsphase**, 11. bis 18. Monat: Üben der Nähe-Distanz-Regulation, zunehmende Erforschung der Umwelt, verbunden mit Omnipotenzerleben. Fremdenangst, beginnende Triangulierung mit Hilfe des Vaters.
> - **Wiederannäherungsphase**, 18. bis 24. Monat: Endgültige Trennung der Selbst- und Mutterrepräsentanz. Wiederannäherung zum Auftanken und um Entdeckungen zu teilen. Entfernung von und Suche nach der Mutter, Trennungsangst und Symbioseangst – Autonomie-Abhängigkeits-Konflikt. Höhepunkt der »frühen Triangulierung«.
> - **Konsolidierungsphase** ab dem 3. Lebensjahr: Mit ca. 36 Monaten ist das Mutterbild integriert und endgültige Objektkonstanz und Autonomie erreicht.

Gegenüber der klassischen Entwicklungstheorie bedeutete Mahlers Entwicklungskonzept eine grundsätzliche Neubestimmung, indem sie nicht mehr vorrangig die Triebentwicklung betrachtete, sondern die Entwicklung zu einer autonomen Persönlichkeit. Diese Theorie blieb – wie gesagt – umstritten. Von einigen wurden die Studien als methodisch unbefriedigend betrachtet und die Schlussfolgerungen als zu stark von theoretischen Vorannahmen geleitet. Vor allem aber zielt die Kritik auf die Voraussetzung, wonach der Säugling ein völlig abhängiges Wesen ist, das einseitig aus der »Symbiose« Nutzen zieht und über nur wenige eigene Fähigkeiten verfügt. Martin Dornes, der Frankfurter Entwicklungspsychologe, bezweifelt, dass der Begriff Symbiose die Verhältnisse dieser Entwicklung überhaupt richtig beschreibt – ganz abgesehen davon, dass er den Befund einer primären Unfähigkeit in Zweifel zieht.[111]

Dennoch hat Margaret Mahler das Verständnis für die Behandlung von frühen Störungen mit ihrem Konzept sehr befruchtet. Speziell in der Behandlung von Borderline- und narzisstischen Störungen bildete es lange Zeit eine Art Landkarte, auf der man die Entwicklung der Behandlungsprozesse beobachtete und lokalisierte. So half es insbesondere, Zwischenschritte zu erkennen und Ziele im Blick zu behalten.

Daniel N. Stern

Der eigentliche Durchbruch zur modernen psychoanalytisch orientierten Säuglingsforschung wurde erreicht, als man begann, die Kleinkinder in experimentellen Situationen und nicht mehr nur im Alltag direkt zu beobachten. Diese Entwicklung ist vor allem mit dem Namen Daniel Stern verbunden.

Stern untersuchte die Reaktion von Kindern auf die Präsentation von Fotos. Indem er zeigen konnte, dass die Kinder den Bildern der Mutter mehr Aufmerksamkeit widmen als anderen, bewies er, dass Kinder bereits lange vor dem Spracherwerb über basale kognitive Funktionen und ein erhebliches Erlebnispotential verfügen. Danach kann man heute nicht mehr von einem undifferenzierten »autistischen« Zustand des Neugeborenen sprechen und muss anerkennen, dass der Säugling schon von Anfang an eine gewisse Fähigkeit hat, zwischen sich und dem Anderen, dem Objekt, zu unterscheiden. Danach besteht die erste Entwicklungsaufgabe in der Bindung an die Bezugsperson und nicht in der Ablösung von ihr.

---

111 Dornes M (2000), S. 19

> **Kasten 4.5: Daniel N. Stern (1934–2012)**
>
> Stern, 1934 in New York geboren, studierte am Einstein College in New York Medizin. Als Assistent an der Columbia University kam er mit der Psychoanalyse in Berührung. Dort betrieb er auch seine psychoanalytische Ausbildung und wurde 1971 Lehrbeauftragter.
>
> 1970–76 war er Leiter der Abteilung für Entwicklungsprozesse am New York State Psychiatric Institute und veröffentlichte 1977 sein erstes bedeutendes Buch über die frühe Mutter-Kind-Interaktion.
>
> Er wurde Psychiatrie-Professor am Cornell University Medical Center in New York und Leiter entwicklungspsychologischer Abteilungen. Gleichzeitig war er seit 1987 Professor für Psychologie in Genf, wo er auch starb.
>
> Sein Interesse war der Brückenschlag zwischen verschiedenen Schnittstellen von Forschung und Praxis: Entwicklungspsychologie und Psychotherapie, Säuglingsbeobachtung und rekonstruktive Theoriebildung, Konzeptualisierung intrapsychischer und interpersoneller Prozesse.
>
> Stern absolvierte zwar eine Psychoanalyse und arbeitete als analytischer Psychotherapeut, er hat aber keine regulär abgeschlossene psychoanalytische Ausbildung. Dennoch hat seine Arbeit die Psychoanalyse außerordentlich bereichert.
> Neben der Säuglingsforschung machte ihn in den letzten Jahren seine klinische Forschung über Gegenwartsmomente bekannt.[112]
>
> - 1977 Mutter und Kind. Die erste Beziehung (deutsch 1979)
> - 1985 Die Lebenserfahrung des Säuglings (deutsch 1992)
> - 2004 Der Gegenwartsmoment (deutsch 2005)

---

112 Vgl. 5. Vorlesung

Auf diesen Erkenntnissen gründet Sterns Entwicklungspsychologie, die er 1985 in *Die Lebenserfahrung des Säuglings*[113] publizierte. Darin beschreibt er die Entwicklung des Selbstempfindens als Strukturierung von Erfahrungen und als Organisationsprinzip in vier Stufen.

> **Kasten 4.6: Die Entwicklung des Selbst nach Stern (1985)**
>
> - **Das auftauchende Selbst** in den ersten 3 Monaten. Danach gibt es eine angeborene Fähigkeit, aus primitiven Reizen Verbindungen herzustellen, durch die sich ein allererstes Gespür entwickelt, selbst zu sein.
> - **Das Kern-Selbst** bis zu 9 Monaten entsteht aus einem inneren Ordnungsprinzip des Erlebens, z. B., wenn das Kind die Augen schließt und es dann dunkel wird. Es entsteht dann ein Erleben, Urheber des Geschehens zu sein, aber eben auch ein Gefühl für das Selbst als Verursacher. Dieses Gefühl ist vor allem ein körperliches.
> - **Das subjektive Selbst** bis zu 18 Monaten ist mit dem Erleben verbunden, eine bestimmte Person zu sein, die sich von anderen unterscheidet, und zugleich mit dem Gefühl von Bezogenheit. Dieses Selbstgefühl ist nun nicht mehr rein körperlich, sondern mit psychischen Befindlichkeiten (»beschwingt sein«) verknüpft, die auch mit anderen geteilt werden (Attunement – aufeinander abgestimmt sein).
> - **Das verbale Selbst**, das während des ganzen Lebens erhalten bleibt, gründet in der Erfahrung, selbst am Weltprozess gestaltend teilzuhaben.

---

113 Stern D (1985)

4. Vorlesung Neue Einsichten in die Frühentwicklung

Abb. 4.4: Daniel N. Stern

Die Besonderheit dieses Ansatzes besteht darin, dass Stern Prozesse der frühen Beziehungsregulation ins Zentrum seiner Beobachtungen rückt. Dabei zentriert er als einer der ersten auf Beziehung und Bezogenheit als Organisator der Selbstentwicklung. So geht er über die vorangehenden Ansätze hinaus und nimmt eine interpersonale Sichtweise vorweg, wie wir sie in der relationalen Psychoanalyse bei Mitchell [114] kennengelernt haben.

Für Stern ist die Beziehung eine Matrix, aus der lebenslang Bezogenheit und Sicherheit geschaffen werden, die mit dem Selbstgefühl korrespondieren. Das ist weit mehr als ein Entwicklungsrahmen, in dem das Selbst sich als Struktur entwickelt.

Der kompetente Säugling

Die empirische Säuglingsforschung hat seit etwa 1975 eine Fülle neuer Erkenntnisse über die präverbale Entwicklung des Menschen zu Tage gefördert und das Bild der frühen Kindheit radikal verändert. Der ent-

---

114 Vgl. 3. Vorlesung

scheidende Fortschritt gegenüber der rekonstruktiven Entwicklungspsychologie besteht in der Überwindung der Auffassung, dass der Säugling einerseits eine Art Blackbox sein sollte, eine leere Hülle, die erst im Laufe der Entwicklung durch Erfahrungen aufgefüllt wird, und andererseits ein von Trieben beherrschtes Wesen, das ausschließlich auf Triebabfuhr aus sein sollte, um in absoluter Entspannung eine Art von paradiesischem Zustand zu erreichen.

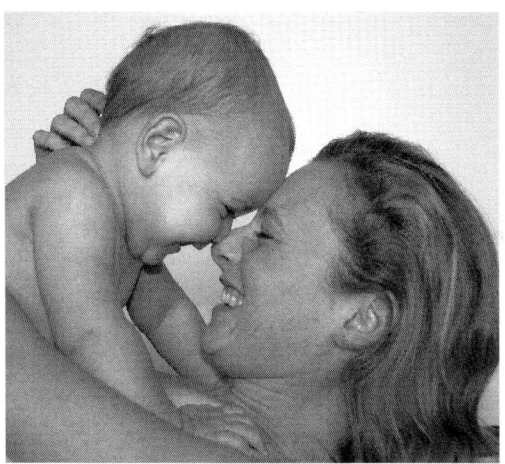

Abb. 4.5: Der »kompetente« Säugling verfügt über Urformen sozialer Kompetenz, mit denen er sich in Beziehung setzt und sein Überleben sichert.
(© Robert Whitehead)

Im Gegensatz dazu verstehen wir den Menschen heute auf Grund der Befunde der Säuglingsforschung als ein von vornherein bezogenes Wesen, das durchaus mit sozialen Bedürfnissen ausgestattet ist und sich in Beziehung setzen will und dies auch vermag. Heute spricht man mit dem bereits erwähnten Entwicklungspsychologen Dornes vom »kompetenten Säugling« – so der Titel des Buches[115] von 1993, in dem er die Befunde der neueren Säuglingsforschung zusammenfasst. Dieser Säugling verfügt über

---

115 Dornes M (1993)

Urformen sozialer Kompetenz, mit denen er sich in Beziehung setzt und seine Umwelt dazu bringt, sein Überleben zu sichern.

Kasten 4.7: Der kompetente Säugling[116]

- ... verfügt über ein unerwartet gutes Seh- und Hörvermögen,
- unterscheidet die Stimme der Mutter von der anderer Personen,
- bringt die Stimme der Mutter mit dem Gesicht der Mutter in Verbindung,
- kann Wahrnehmungen aus verschiedenen Sinnesbereichen verknüpfen: erkennt z. B. auf einer Abbildung den Schnuller der Art wieder, den er vorher im Mund gehabt hat,
- verfügt über mindestens sieben Primäraffekte (und nicht nur über das Empfinden von Lust und Unlust): Interesse, Überraschung, Ekel, Freude, Ärger, Traurigkeit und Furcht,
- verfügt über eine präzise Zeit- und Intensitätswahrnehmung (»rasch«, »plötzlich«), welche das Affekterleben modulieren (»plötzliche Freude«, »aufsteigender Ärger«),
- kann seine Befindlichkeit differenziert über ein erstaunliches Repertoire von sozialen Verhaltensweisen mitteilen und dadurch Reaktionen hervorrufen;
- dadurch entsteht eine differenzierte Beziehungsregulation.

Diese Befunde stellen manche der gewohnten Entwicklungskonzepte in Frage, mit denen wir auch heute noch arbeiten. So ist es fraglich geworden, ob Spaltungsprozesse und das Erleben von Teilobjekten – eine Mutter, die man sieht, eine die man hört, eine die man riecht – tatsächlich so in der normalen Entwicklung vorkommen, wie wir es in den Konzepten der Kleinianischen psychoanalytischen Schule kennengelernt haben, oder ob diese aufgespaltene Welt nicht eine Neuschöpfung der Borderline-Pathologie ist oder zumindest ein Relikt aus einer belasteten oder gestörten Kindheitsentwicklung.

---

116 Im Wesentlichen nach Dornes (1993)

Die bedeutendste Veränderung besteht darin, dass wir den Säugling heute nicht mehr als ein nur passiv ausgeliefertes und angewiesenes Wesen betrachten, sondern als einen aktiven Mitgestalter der Interaktion mit seinen Bezugspersonen. Dabei entgehen die Signale, die damit verbunden sind, oft unserer alltäglichen Wahrnehmung. Moderne Beobachtungsmethoden, z. B. der Einsatz von gezielten Videoaufnahmen, bringen aber subtile mimische, gestische und stimmliche Signale zum Vorschein, die sicherlich auch in der psychotherapeutischen Situation zum Tragen kommen.

Damit erhalten interpersonelle Konzepte wie das der projektiven Identifikation, aber auch weiterreichende wie das Konzept der Ko-Konstruktion des analytischen Prozesses, wie wir es im Zusammenhang mit der relationalen Psychoanalyse kennengelernt haben, eine empirische Grundlage.

Darüber hinaus wird durch diese Forschungen deutlich, dass die Feinabstimmung in der Beziehungsregulation ein wesentliches Element im präverbalen Erleben ist. Wahrscheinlich stellt die Beteiligung des Säuglings so etwas wie ein Proto-Erleben von Bedeutung und Wirksamkeit dar, also einen Keim des Selbsterlebens. Dieses Erleben von Potenz ist der Gegenpol zur Hilflosigkeit und Hoffnungslosigkeit, also von Erlebniszuständen, die wir mit der Entstehung von schweren Pathologien in Zusammenhang bringen. Hier zeigt sich auch, dass die Fähigkeit der Bezugspersonen, auf die sublimen Signale des Säuglings zu reagieren, eine wichtige Eigenschaft einer entwicklungsfördernden Umwelt ist. Umgekehrt verstehen wir nun besser, dass das Syndrom der »toten Mutter«[117], der depressiven Bezugsperson, die auf die Signale des Kindes nicht eingehen kann, verheerende Folgen für die weitere Entwicklung haben kann.

Bindungstheorie

Die Bindungstheorie gehört zu den Stiefkindern der Psychoanalyse. Da sie sich vorrangig mit sichtbarem Verhalten befasst, galt sie lange als

---

117 Green A (1993)

»unanalytisch«. Die Annahme eines biologisch begründeten Motivationssystems, mit dem ein neugeborener Mensch Bindungen herstellt, aufrechterhält oder auch beendet, widersprach lange Zeit allem psychoanalytischen Denken. Der Begründer der Bindungstheorie, der englische Kinderanalytiker John Bowlby, wurde kritisiert und isoliert. Die Erkenntnisse, die er ab den 1940er Jahren mit der Beobachtung von Kindern sammelte, wurden von Analytikern lange nicht zur Kenntnis genommen.

Das hat sich allerdings in den letzten Jahrzehnten deutlich geändert. Man kann sogar sagen, die Bindungstheorie hat Konjunktur. Dornes, der bereits erwähnte Entwicklungspsychologe, führt das darauf zurück, dass sie mit dem Konzept der Bindungssicherheit Grundbedürfnisse anspricht, die heute wichtiger sind als die Triebbedürfnisse. Die Krux unserer Tage ist nicht mehr die Unterdrückung von Trieben, sondern die Orientierungs- und Zugehörigkeitsprobleme in einer postmodernen Welt der Beliebigkeit.

Bowlby und Ainsworth, die »Eltern« der Bindungstheorie

Als Leitfiguren der Bindungstheorie gelten deren Begründer John Bowlby und die kanadische Bindungsforscherin Mary Ainsworth. Sie hat das Verdienst, die Bindungstypen durch die systematische Beschreibung des Verhaltens in der »fremden Situation« auf eine empirische Basis gestellt zu haben.

Kasten 4.8: John Bowlby (1907–1990) und Mary Ainsworth (1913–1999)

John Bowlby

Bowlby stammte aus London. Nach dem Medizinstudium wurde er Kinderpsychiater. Während seiner psychoanalytischen Ausbildung entstand sein Interesse an der Objektbeziehungstheorie von Melanie Klein.

Schon um 1930 wurde er bei seiner Arbeit mit dissozialen Kindern auf die Bedeutung der Kontinuität der frühen Mutter-Kind-Beziehung aufmerksam. Als er nach dem Zweiten Weltkrieg die Kinderpsychotherapie in der Londoner Tavistock-Klinik etabliert hatte, begann er, sich systematisch mit den frühkindlichen Beziehungen zu beschäftigen.

Ende der 1950er Jahre publizierte er seine Ideen über ein konstitutionell verankertes Bindungssystem, das die Basis der frühen Mutter-Kind-Beziehung bildet. Seine Bindungstheorie legte er in einer Reihe von Büchern vor, die in der Psychoanalyse lange auf Skepsis und Ablehnung stießen und als »nicht analytisch« galten.

Bowlby starb 1990 als Außenseiter der psychoanalytischen Gemeinschaft – tragischerweise an der Schwelle zu einer Zeit, in der seine Ideen und Konzepte auch unter Psychoanalytikern breites Interesse finden sollten.

- 1969 Bindung. Eine Analyse der Mutter-Kind-Beziehung (deutsch 1975)
- 1973 Trennung. Psychische Schäden als Folge der Trennung von Mutter und Kind (deutsch 1976)
- 1980 Verlust – Trauer und Depression (deutsch 1983)

Mary Ainsworth

Geboren in Ohio, siedelte sie mit ihrer Familie mit fünf Jahren nach Kanada um, wo sie die weitere Kindheit und Jugend verbrachte. Sie studierte in Toronto Psychologie, wurde Militär- und später Persönlichkeitspsychologin und kam 1950 nach London. Dort entstand ein Kontakt zu Bowlby, der sich als ungeheuer fruchtbar für die Bindungsforschung erwies.

Ainsworth wurde zur bedeutendsten Schülerin von Bowlby und trieb die Bindungstheorie voran, indem sie wichtige Beiträge zu ihrer empirischen Fundierung leistete. Ende der 1960er Jahre entwickelte sie die »fremde Situation«.

Nach einem Forschungsaufenthalt in Uganda lehrte sie ab 1962 an der Johns Hopkins University in Baltimore. Sie starb 1999 im Alter von 84 Jahren in Charlottesville (Virginia).

- 1966 John Bowlby und Mary Ainsworth: Mutterliebe und kindliche Entwicklung (deutsch 1995)
- 1978 Mary D. Salter Ainsworth, E. Waters, S. Wall: Patterns of attachment
- 1990 John Bowlby, Mary D. Salter Ainsworth: Frühe Bindung und kindliche Entwicklung, E. Reinhardt, München, Basel 2001

Abb. 4.6: John Bowlby und Mary Ainsworth (links: Courses of Richard Bowlby)

Befunde zur Bindungstheorie

Bowlbys Bindungstheorie basiert auf der Annahme eines biologisch fundierten Bindungssystems. Es veranlasst den Säugling, die Nähe seiner

Bezugspersonen zu suchen und durch ein Repertoire von angeborenen Verhaltensweisen (Bindungsverhalten) – Lächeln, Weinen, Anklammerung – Nähe und ein Gefühl von Sicherheit herzustellen.

Bowlbys Theorie wurde von Mary Ainsworth maßgeblich weiterentwickelt. Sie untersuchte vor allem die Feinfühligkeit als eine Fähigkeit, mit der Mütter entscheidenden Einfluss auf die Qualität der Bindung nehmen, die ein Kind im ersten Lebensjahr entwickelt. Als Feinfühligkeit beschrieb sie die Fähigkeit, zeitlich und inhaltlich angemessen auf die Signale des Kindes zu reagieren.

Kasten 4.9: Bindungstypen nach Ainsworth (1978)

- **Typ A: Unsicher-vermeidende Bindung** ist das Ergebnis einer Zurückweisung der Bindungsbedürfnisse durch die Mutter.
- **Typ B: Sichere Bindung** entsteht in Folge eines feinfühligen Umgangs der Mutter mit dem Kind, d.h., wenn die Signale rasch und passend beantwortet werden.
- **Typ C: Unsicher-ambivalente Bindung** entsteht, wenn die Reaktion der Mutter widersprüchlich und nicht vorhersehbar ist.
- **Typ D: Unsicher-desorganisierte Bindung** zeigt sich in widersprüchlichem Verhalten. Sie lässt sich keinem der o. a. Bindungstypen zuordnen. Sie ist zumeist die Folge traumatischer Erfahrungen.

Je nach dem Ergebnis der Beziehung zwischen dem Kind und seiner zentralen Bindungsperson unterscheidet Ainsworth drei Typen von Bindungsqualität und einem vierten Typ als Restkategorie. Wenn mehrere Bindungspersonen verfügbar sind, können sich durchaus verschiedene Bindungsstile entwickeln. Im Verlauf der Entwicklung entstehen allerdings Bindungshierarchien, d.h. bevorzugte und weniger bevorzugte Bindungsstile, die nicht mehr eng mit einzelnen Personen verknüpft sind.

Für die Untersuchung des Bindungsverhaltens bzw. der Bindungsqualität von Kleinkindern hat Mary Ainsworth eine annähernd alltägliche, experimentelle Situation standardisiert, die »fremde Situation«.[118] Sie

---

118 Ainsworth MDS, Waters E, Wall S (1978)

4. Vorlesung Neue Einsichten in die Frühentwicklung

Abb. 4.7: In der »fremden Situation« wird die Reaktion von 12 bis 18 Monate alten Kindern auf die Rückkehr der Bindungsperson nach kurzer Trennung beobachtet. Das beobachtete Verhalten wird einem der vier Bindungsstile zugeordnet. – Das Kind in dieser Abbildung vermeidet es, mit der Mutter Kontakt aufzunehmen. Das verweist auf einen unsicher-vermeidenden Bindungsstil. (© R.-Andreas Klein/fotolia.com)

setzte die 12 bis 18 Monate alten Kinder dabei einer kurzen Trennung von der Bezugsperson aus und beobachtete vor allem die Reaktion der Kinder auf ihre Rückkehr. Diese Reaktion ist vom Such- und Bindungsverhalten gekennzeichnet, das Bowlby beschrieben hatte. Dabei konnte sie drei typische Verhaltensmuster und eine nicht eindeutig zuzuordnende Kategorie isolieren, nämlich die oben benannten Bindungsstile, die sie nun auf einer empirischen Basis mit der jeweiligen Feinfühligkeit der Mütter in Beziehung setzen konnte.

Inzwischen gibt es diverse Methoden, die Bindungsstile in verschiedenen Altersgruppen zu untersuchen. Für die Untersuchung von Erwachsenen hat sich das Adult Attachment Interview (AAI)[119] durchgesetzt. Es handelt sich um ein standardisiertes Interview, das auf Schlüsselerlebnisse mit zentralen Bindungspersonen in der Lebensgeschichte zentriert und die Berichte sprachanalytisch auswertet. Danach besteht ein enger Zusammenhang zwischen der Sprachkohärenz der

---

119 Georges et al (1996) in Fonagy P (2001)

Schilderungen und der Bindungssicherheit. Dementsprechend unterscheidet man bei Erwachsenen

- sichere Bindung,
- unsicher-ablehnende Bindung,
- unsicher-verstrickte Bindung und
- ungelöste Bindung (in Bezug auf Verlust und Trauma).

Erstaunlich ist, dass man aus der Bindungsqualität der Bezugsperson mit hoher Wahrscheinlichkeit auf den Bindungsstil der Kinder rückschließen kann. Hier gibt es offenbar einen starken transgenerationalen Transfer in dem Sinne, dass die Qualität der Bindungssicherheit sich direkt von einer Generation auf die nächste tradiert.

Folgerungen für die Psychoanalyse

Es ist unmöglich, hier auf die Lawine von Befunden der Säuglings- und Bindungsforschung näher einzugehen. Sie sind bei Peter Fonagy[120] und Martin Dornes[121] ausführlich nachzulesen. Ich möchte stattdessen abschließend der Frage nachgehen, welchen Gewinn die Psychoanalyse von diesen Befunden hat und welche Schlussfolgerungen sie daraus ziehen kann.[122]

Die neueren Befunde betonen die Bedeutung von Reaktionsfähigkeit und Feinfühligkeit der Bezugspersonen sowie der Beziehungskohärenz für eine sichere Bindung, ebenso die der Feinabstimmung in der Beziehungsregulation und des Erlebens von Wirkmächtigkeit für die Entwicklung eines positiven Selbsterlebens. Sie beschreiben eindringlich, dass die Mechanismen der frühen Kommunikation auf Bestätigung an-

---
120 Fonagy P (2001)
121 Dornes M (2000)
122 Vgl. auch Köhler L (1998) – Dornes M (1998)

gewiesen sind, um das gemeinsame Projekt der kindlichen Entwicklung voranzubringen.

All dies gilt auch für die analytische Situation. Es rechtfertigt die Ansätze der zeitgemäßen Psychoanalyse, auch den psychoanalytischen Prozess als ein gemeinsames Projekt zu betrachten, das nur dann gelingen kann, wenn beide Beteiligte sich als Akteure auf der gemeinsamen Bühne verstehen, aufeinander reagieren und die Feinabstimmung zwischen beiden gelingt.

Dabei muss man sich vergegenwärtigen, dass die Befunde der neueren Forschungen vor allem die Frühentwicklung betreffen, in der es um Grunderfahrungen in Beziehungen geht. Diese Erfahrungen sind subsymbolisch codiert und im impliziten Gedächtnis gespeichert. Sie werden in der Analyse daher durch den Umgang mit der therapeutischen Beziehung aktiviert. Sie können durch Wiederholung pathogener Beziehungsmuster verstärkt und fixiert, durch alternative Erfahrungen mit dem Analytiker aber auch verändert werden. Dabei kann früh Erfahrenes auch auf eine höhere Ebene gehoben, d.h. mentalisiert werden. Diese Zusammenhänge werden in der 5. Vorlesung ausführlicher erörtert.

Als Maxime für die psychoanalytische Behandlung wird ein Analytiker alles tun, um Retraumatisierungen zu vermeiden und pathogene frühe Beziehungserfahrungen nicht von sich aus zu wiederholen. Das ist vor allem eine Aufgabe des proceduralen Anteils der Behandlung, d.h. der impliziten Behandlungstechnik[123]. In diesem Zusammenhang spielen zwei Bereiche eine besondere Rolle:

- die formale Gestaltung der analytischen Situation und
- der Umgang mit der therapeutischen Beziehung.

Die Gestaltung der analytischen Situation

Es erscheint plausibel, die Befunde der Säuglings- und Bindungsforschung auch auf die analytische Situation zu übertragen. Bindungsverhalten und Passungen, die Urformen sozialer Kommunikation und Beziehungsre-

---
123 Ermann M (2005)

gulation, treten in der Analyse in ähnlicher Weise auf wie in der frühen Dyade. Bei der Gestaltung der Rahmenbedingungen der Behandlung sind daher die basalen Bindungs- und Kommunikationsbedürfnisse zu berücksichtigen. Die Wahl der Frequenz und die Entscheidung, ob die Behandlung im Sitzen oder im Liegen durchgeführt wird, sind Prüfsteine für das »Attunement«, also für die Feinfühligkeit bei der Abstimmung. Hier geht es darum, ob der Analytiker erkennt, was seinem Analysanden gut tut, und bereit ist, sich darauf einzustellen. Letztlich geht es um das Zusammenpassen in der analytischen Situation.

Dabei können sehr verschiedene Faktoren dazu beitragen, dass eine optimale Passung verfehlt wird. Die professionellen Reglements über die Gestaltung des Rahmens, insbesondere auch Vorgaben über die Frequenz, können einer fallorientierten Gestaltung im Wege stehen. Es können sich darin aber auch bereits Gegenübertragungsphänomene manifestieren, die auf ein früher erfahrenes Mismatching und basale verunglückte Beziehungserfahrungen verweisen, oder Gegenübertragungswiderstände, die sich gegen die Anerkennung der Bedürfnisse der Patienten richten. In allen Fällen würden ungünstige Voraussetzungen für die Entwicklungsmöglichkeiten und den Behandlungserfolg entstehen.

Der Umgang mit der therapeutischen Beziehung

Die prozeduralen Faktoren der analytischen Situation äußern sich vor allem im unbewussten und vorbewussten Umgang mit dem Analysanden.[124] Dabei treten die Inhalte des verbalen Dialogs in ihrer Bedeutung zurück, während die therapeutische Haltung in den Vordergrund rückt.

Vor allem die untergründige Haltung, von der Interventionen getragen sind, ist ein solcher Faktor. Sie äußert sich im Sprachklang, im Zeitpunkt und in der darin enthaltenen Regulation von Nähe und Distanz. Im positiven Fall kann sie Beziehungskonstanz und Empathie zum Ausdruck bringen und Sicherheit und Annahme vermitteln und pathogene Beziehungsmuster korrigieren. Im negativen Fall enthält sie im Verborgenen Forderungen und Zielvorgaben, verbunden mit Distanzierung und Ab-

---

124 Will H (2001)

lehnung und wiederholt entwicklungsfeindliche Erfahrungen aus der Frühzeit. Inzwischen hat sich die Einstellung durchgesetzt, dass anfängliche Verstrickungen, die durch negative prozedurale Gegenübertragungen in Szene gesetzt werden, als solche keine Katastrophen sind. Sie sind bis zu einem gewissen Grad notwendig, damit implizite Grunderfahrungen in der aktuellen Beziehung überhaupt lebendig und vom Analytiker bemerkt werden können. Entscheidend ist, dass dieser die Fähigkeit bewahrt, über diese Art von Enactment selbstkritisch nachzudenken und bemüht bleibt, die missglückte Beziehungserfahrung zu reparieren und den »Sinn« solcher Reaktionen, d. h. den Verweis auf die Früherfahrungen, zu verstehen.

5. Vorlesung
Am Beginn des dritten Jahrtausends

Aktuelle Themen in der Psychoanalyse

Ein Blick in die Gedächtnisforschung

Gedächtnis und Erinnerung wurden lange wie selbstverständlich als ein in sich geschlossenes mentales Geschehen betrachtet. Dabei bezeichnet man als Gedächtnis die Fähigkeit, sich Erfahrungen zu merken und sie wieder zu erinnern. Die neuere Gedächtnisforschung unterscheidet heute jedoch drei verschiedene Subsysteme:

- das sensorische Gedächtnis als Ultrakurzzeitgedächtnis,
- das Kurzzeitgedächtnis als Arbeitsspeicher und
- das Langzeitgedächtnis als Speicher für längerfristige Erinnerungen.

Seit den 1950er Jahren haben die Neurowissenschaften Erkenntnisse erbracht, die auch Konzepte der Psychoanalyse in ein neues Licht gerückt haben. Die bedeutendste ist die Unterscheidung zwischen zwei Formen des Langzeitgedächtnisses, die auf die kanadische Pionierin der Neurowissenschaften Brenda Milner zurückgeht: die zwischen implizit-prozeduralem und explizit-deklarativem Gedächtnis.

- Das explizit-deklarative Gedächtnis enthält Erinnerungen, die dem Bewusstsein grundsätzlich zugänglich sind und als solche versprachlicht (»deklariert«) werden können. Es enthält Fakten bzw. Ereignisse aus der eigenen Biografie (man spricht daher auch vom episodischen Gedächtnis) oder Fakten aus dem Alltag, der Bildung oder der Kultur

(semantisches Gedächtnis). Dazu gehören auch die Inhalte des vormals bewussten, verdrängten (dynamischen) Unbewussten im Sinne der Psychoanalyse.[125]
- Das implizit-prozedurale Gedächtnis enthält das Wissen über Fähigkeiten, die wie selbstverständlich ohne Nachdenken eingesetzt werden, z. B. Fertigkeiten wie motorische Abläufe (Prozesse, daher »prozedural«) oder auch das selbstverständlich erscheinende (daher »implizite«) Basiswissen über Beziehungen.

Abb. 5.1: Brenda Milner (geb. 1918 in Manchester [UK]), Neurophysiologin an der McGill University in Montreal, gelang es schon um 1955, durch Studien an hirnoperierten Patienten zwischen Kurz- und Langzeitgedächtnis zu unterscheiden, die beiden Grundformen von Langzeitgedächtnis zu beschreiben und sie spezifischen Hirnregionen zuzuweisen. Dabei entdeckte sie auch die Schlüsselrolle des Hippocampus für das Gedächtnis. 2009 erhielt sie für ihre pionierhaften Studien den renommierten Balzan-Preis. (© Pierre Charbonneau, Courtesy of the Montreal Neurological Institute)

---

125 Trilogie I, S. 37

Entstehung von Gedächtnis

Nach heutigem Kenntnisstand[126] gibt es ein Urgedächtnis, also das frühe Gedächtnis, das im implizit-prozeduralen Modus funktioniert, und ein später entstehendes reiferes Gedächtnis, das dem explizit-deklarativen Modus unterliegt. Sie beruhen auf unterschiedlichen Stufen der Hirnreifung und sind mit verschiedenen Arealen und Systemen im Gehirn verbunden. Sehr vereinfacht kann man das prozedurale, frühe Gedächtnis mit der Amygdala und dem Stammhirn, also dem »Althirn« in Verbindung bringen, während das deklarative Gedächtnis mit dem Hippocampus und dem Temporalhirn (der Großhirnrinde, dem »Neuhirn«) in Verbindung steht.

Vor dem 18. Lebensmonat »erinnern« wir die Basis unserer Erfahrungen vor allem körperlich als eine affektive, emotionale oder senso-motorische Erregung. Daraus resultieren archaische Zustände der Gelassenheit und Entspannung oder Erregungs- und Unruhezustände. Sie sind prozedural gespeichert. Man spricht auch vom Prozessgedächtnis. Sie können bei entsprechender Regression reaktiviert werden.

Mit etwa 18 Lebensmonaten kommt der deklarative Modus hinzu. Er bildet das Inhalts- und Erinnerungsgedächtnis. Das manifeste Zeichen für diesen Angelpunkt ist der Spracherwerb.

Während die neurobiologische Forschung für die Entwicklung des Inhaltsgedächtnisses die Reifung der Hirnstrukturen betrachtet und die Ursache in der Ausbildung und Stabilität der Markscheiden sieht, welche die Nervenzellen umhüllen, sieht die psychodynamisch orientierte Forschung diese Entwicklung in die frühen Beziehungen und Interaktionen eingebettet. Danach sind Kontingenz- und Spiegelerfahrungen [127] eine notwendige Grundlage dafür, Begriffe für das eigene Befinden zu bilden. Diese Erfahrungen werden später in Worte übersetzt und als Szenen von Beziehungen erinnert. Durch die Erfahrung, »begriffen« zu werden, entstehen Wort- und Bildsymbole, die auch erinnert werden können. Die

---

126 Übersicht bei Kandel ER (2006). Siehe im Kontext der Psychoanalyse auch: Koukkou M, Leuzinger-Bohleber A, Mertens W (1998); Leuzinger-Bohleber M, Mertens W, Koukkou M (1999)
127 Vgl. 4. Vorlesung

Psychoanalyse nennt diesen Entwicklungsprozess Mentalisierung oder Symbolisierung. Dieser Vorgang wird später in einem eigenen Abschnitt erläutert.

Neurobiologische Reifung und interaktionell begründete Entwicklung gehen Hand in Hand. Sie scheinen einander zu bedingen. Mentalisierung von Erfahrung geschieht durch Identifizierung mit dem Erleben der wichtigen Bezugspersonen. Es kann aber erst verinnerlicht werden, wenn dazu die biologische Basis besteht. Umgekehrt bewirkt die neurophysiologische Reifung allein noch keine psychische Repräsentation von Erfahrungen.

Zwei Gedächtnismodi

Was ist nun das Wesen der beiden Formen von Langzeitgedächtnis? Im implizit-prozeduralen, d. h. im Prozessgedächtnis werden Erfahrungen abgelegt, die aus basalen Beziehungen stammen. Sie erscheinen als sensorische und affektive Zustände, z. B. als Stimmungen oder Erregung. Es gibt dafür noch keine Worte, Bilder oder Begriffe.

Die Inhalte dieses frühesten Gedächtnisses beziehen sich auf das *Wie*, d. h. auf den Modus von Erfahrungen und Beziehungen.[128] Diese Informationen sagen, wie wir uns in dieser Welt und in Beziehungen befinden. Das ist der wesentliche Teil des Beziehungswissens, das durch frühe Entwicklungsprozesse und Bindungserfahrungen angelegt wird. Es sind Erfahrungen, welche die existenzielle Befindlichkeit, archaische Emotionen oder das Urgefühl vermitteln, ob man auf dieser Welt willkommen ist. Dieser Modus ist entwicklungspsychologisch mit dem Stadium verbunden, in dem der Säugling auf Feinfühligkeit und passende Reaktionen seiner Beziehungspersonen angewiesen ist, damit er Bindungssicherheit und eine gute Basis für sein Selbsterleben und seine Beziehungsregulation entwickeln kann.

Im explizit-deklarativen Gedächtnis, d. h. im Inhaltsgedächtnis, werden dagegen Erinnerungen gespeichert, die mit Begriffen, d. h. im Allgemeinen mit Worten und mit Bildern verknüpft sind. Es hat also eine se-

---

128 Cohen LS, Squire R (1980)

mantische Struktur. Es enthält das *Was*, d. h. Szenen und Geschichten, die einmal erlebt wurden und die wie Erzählungen nach dem Modus verarbeitet sind: »Weißt Du noch ...?«

Tab. 5.1: Zwei Arten von Gedächtnis[129]

Das implizit-prozedurale Gedächtnis	Das explizit-deklarative Gedächtnis
• Es ist der zuerst bestehende Modus in der Entwicklung und wird daher auch Urgedächtnis genannt.	• Es ist der später hinzukommende Modus, der etwa mit der Sprachentwicklung im zweiten Lebensjahr entsteht.
• Es enthält die Grunderfahrungen des Lebens und der Beziehungen, die nie bewusst wahrgenommen und reflektiert worden sind.	• Es enthält autobiografische Erfahrungen, die bewusst erlebt worden sind.
• Seine Inhalte sind subsymbolisch codiert und bilden das Körpergedächtnis. Es ist in sensorischen, emotional-affektiven und motorischen Zuständen organisiert und kann als solche aktiviert werden.	• Es ist semantisch, d. h. in sprachlich fassbaren Begriffen organisiert, die als Erinnerungen abgerufen werden können.
• In der psychoanalytischen Behandlung äußert es sich als Enactment (d. h. szenische Darstellung aus dem Unbewussten) oder als prozedurale Übertragung (Aktivierung nicht mental repräsentierter affektiver und somatischer Zustände in der therapeutischen Beziehung).	• In der psychoanalytischen Behandlung tritt es als klassische (neurotische) Übertragung in Erscheinung, die auch als episodisch bezeichnet werden kann.
• Seine Inhalte entsprechen dem auftauchenden Selbst bei Stern.	• Entwicklungspsychologisch entspricht es dem Stadium des verbalen Selbst bei Stern.

Man kann sich die Erinnerungen bewusst machen und darüber sprechen, und sei es mit Hilfe der psychoanalytischen Methode, welche Verdrängungen aufhebt. Darin liegt der Unterschied zum Prozessgedächtnis, dessen Inhalte noch nie gedacht wurden und die deshalb auch dem bewussten Denken nicht zugänglich werden können.

Prozedurale und episodische Übertragung

Freud hat die Psychoanalyse als eine Methode der Erinnerung entwickelt.[130] Insbesondere seine Konzepte der Übertragung, der Deutung und der Einsicht sind an den explizit-deklarativen Modus gebunden, nämlich an eine episodische Übertragung und semantische Aufarbeitung von Erfahrungen.

Dieses Konzept setzt eine entwicklungspsychologisch relativ reife Entwicklungsstufe voraus, die an Begriffe gebunden ist. Sie versteht Neurosen als Folge verdrängter Erlebnisszenen und der damit verbundenen Phantasien. Neurosen, die in reiferen Stufen der Entwicklung wurzeln, beruhen demnach auf unbewussten Inhalten, die als Episoden im expliziten Gedächtnis abgelegt und mit anderen Informationen assoziativ verknüpft sind. Für diese Art von Neurosen hat Freud seine klassische psychoanalytische Deutungstherapie konzipiert, also das Erinnern durch freie Assoziation, wodurch Amnesien aufgehoben und pathogene Lebensereignisse und ihre Verarbeitung rekonstruiert werden.

Mit der Erweiterung des Behandlungsspektrums der Psychoanalyse auf »frühe Störungen« und basale Persönlichkeitsstörungen[131] erwies dieser Ansatz sich als unzureichend. Das wird verständlich, wenn man sich vergegenwärtigt, dass es bei diesen Patienten um Defizite an basalen Erfahrungen und Fertigkeiten geht – und nicht um verdrängte Konflikte und Geschichten der Kindheit. Diese Defizite werden durch frühe Mangelerlebnisse und Traumatisierungen hervorgerufen.

Im psychoanalytischen Prozess können sie als prozedurale Übertragung reaktiviert werden. Sie besteht darin, dass in der Regression archaische Affektzustände und körperliche Erregungen wieder lebendig werden. Michael Balint hat diese Übertragungsform als einer der ersten

---

129 Bucci W (1997)
130 Trilogie I, S. 61 ff.
131 Freud A (1954). Zu dieser Thematik vgl. ausführlich Trilogie II

systematisch untersucht.[132] Er fand, dass Worte in diesem Zustand die Bedeutung von Beziehung erhalten und nicht als Begriffe für deklarative Erinnerungen verwendet werden. Donald Winnicott hat sich ebenfalls mit den Grundformen menschlicher Kommunikation beschäftigt. Er sah die Aufgabe des Analytikers im Zustand tiefer Regression des Patienten darin, sich als Objekt für die Bewältigung der archaischen Ich-Zustände verwenden zu lassen. Dabei kommt es vor allem darauf an, dass er einen Raum zur Verfügung stellt, in dem der Patient sich entwickeln kann, und selbst dessen Impulse und Affekte überlebt.[133] Auf diese Weise kann der Patient seine Zustände begreifen und dafür Begriffe bilden, d. h. prozedurales Wissen in deklaratives transformieren.

Die Unterscheidung der beiden mentalen Modi prozedural und deklarativ erweist sich also als eine fruchtbare Basis, um die Unterscheidung zwischen frühen und neurotischen psychischen Störungen, d. h. zwischen Struktur- bzw. Persönlichkeitsstörungen und Konfliktstörungen besser zu verstehen. Die damit verknüpfte Unterscheidung zwischen prozeduraler und episodischer Übertragung macht auch verständlich, warum Patienten mit basalen Störungen auf Freuds Redekur nicht ansprachen.[134] Die Erklärung ist: Ihre Störung wurzelt im impliziten frühen Gedächtnis, wohin die Redekur mit dem Fokus auf der episodischen Übertragung nicht reicht.

Klassische und implizite Behandlungstechnik

In der Praxis spielen explizite Inhalte der Rede und prozedurale Modi des Sprechens in der Behandlung zusammen und geben erst in der Ergänzung ein Gesamtbild. Man muss dann jeweils erfassen und eine Auswahl treffen, ob es hilfreicher ist, den Inhalt oder die Form, das *Was* oder das *Wie* in den Fokus zu stellen. Das ist eine Herausforderung an die Feinfühligkeit und Erfahrung des Analytikers.

---

132 Balint M (1968)
133 Winnicott DW (1969)
134 Trilogie I, S. 59 f.

Speziell bei basalen Persönlichkeitsstörungen und im Zustand tieferer Regression verschiebt sich der Fokus aber ganz auf die Seite des Prozeduralen. Es wird dann verständlich, dass die klassische Behandlungstechnik bei diesen Patienten und in diesen Zuständen nicht greifen kann. Daraus ergibt sich die Notwendigkeit einer impliziten Behandlungstechnik,[135] die das Deutungsprinzip durch das Prinzip eines entwicklungsfördernden Umgangs in der therapeutischen Beziehung ersetzt.

Ein kurzer Blick in Richtung Neurobiologie

Inzwischen hat die Neurobiologie fundierte Hypothesen über die neuronalen Grundlagen der prozeduralen und episodischen Modi des Erlebens erarbeitet. Danach scheint die *reflective emotional awareness*,[136] also die Mentalisierung als Fähigkeit, mentale Zustände wahrzunehmen, durch die Verknüpfung unterschiedlicher Hirnregionen zu Stande zu kommen.

Emotionales Erleben ist danach in neuronalen Regelkreisen im limbischen System, speziell in der Vernetzung von Amygdala (Mandelkern), Thalamus und Hypothalamus gefasst, die zunächst nur als diffuse Spannungen registriert werden. Sie entsprechen dem implizit-prozeduralen Erlebnismodus. Erst im Rahmen der Hirnreifung können sie durch Verknüpfung mit höheren Zentren, die in der Hirnrinde (Cerebral cortex) liegen, als Gefühlszustände bewusst erlebt und reflektiert werden. Demnach haben der implizit-prozedurale und der explizit-deklarative Modus in der Unterscheidung zwischen Althirn (limbisches System) und Neuhirn (Hirnrinde) ihr neurobiologisches Korrelat.

Wenn Emotionen durch die Aktivierung von Arealen des limbischen Systems im Althirn entstehen, bleiben sie zunächst implizit, d.h. sie werden nicht bewusst wahrgenommen. Sie werden erst bewusst, wenn sie an den präfrontalen Kortex, d.h. an Hirnrinden-Areale im Neuhirn, weitergeleitet werden.

---

135 Ermann M (2005)
136 Lane R (2000)

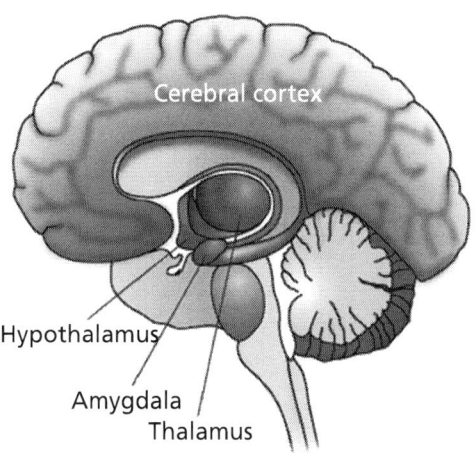

Abb. 5.2: Hirnrinde (Cerebral cortex) und Althirn (limbisches System mit Thalamus, Hypothalamus und Amygdala) in der Innenansicht des Gehirns. Sehr vereinfacht kann man das prozedurale, frühe Gedächtnis mit dem Althirn in Verbindung bringen, während das episodisch-deklarative Gedächtnis mit der Großhirnrinde in Verbindung steht.

Wenn das geschieht, können emotionale Reaktionen durch bewusste Wahrnehmung auch beeinflusst werden. Man kann dann darüber nachdenken und Folgerungen daraus ziehen. Das nennen wir heute Mentalisierung. Dabei werden andere Areale der Hirnrinde, in denen dazu passende Erfahrungen abgelagert sind, in die Verarbeitung mit einbezogen.

Mit der Einbeziehung solcher Areale gelingt zusätzlich der Schritt in die Versprachlichung und den explizit-deklarativen Modus des Erlebens. Der bewusste selbstreflexive Umgang mit mentalen Zuständen ist also an neuronale Verknüpfungen zwischen limbischen und kortikalen Hirnarealen, zwischen Strukturen im Althirn und Arealen im Neuhirn gebunden.

Klinische Erfahrungen deuten darauf hin, dass prozedural gespeicherte Befindlichkeiten in der Psychotherapie in einen reiferen, expliziten Modus transformiert und damit dem bewussteren Nachdenken über sich selbst und andere zugänglicher gemacht werden können. Diese Transformation müsste auch für Neurophysiologen fassbar sein. Dazu liegen allerdings noch keine endgültigen Ergebnisse der Neurobiologie vor.

Mentalisierung und psychisches Funktionieren

Gedächtnisforschung und Neurobiologie weisen heute ebenso wie die klinische Erfahrung der Psychoanalyse darauf hin, dass der Übergang vom nicht-begrifflichen zum begrifflichen, vom implizit-prozeduralen zum explizit-deklarativen Modus des Gedächtnisses der Angelpunkt für mentale Funktionen und auch für die Behandlung ist. Daher will ich mit einem kurzen Exkurs auf die Theorie der Mentalisierung eingehen, die diesen Angelpunkt für die klinische Praxis zugänglich macht. Sie ist von den Londoner Psychoanalytikern Peter Fonagy und Mary Target in die Psychoanalyse eingeführt worden.

Die Mentalisierungs-Theorie schließt an das traditionelle psychoanalytische Konzept der Symbolisierung[137] an und stützt sich auf das Konzept der Theory of Mind.[138] Sie beschreibt Mentalisierung als Fähigkeit zum reflexiven Nachdenken über die Handlungsmotivationen von anderen, aber auch von sich selbst. Man bildet sich also eine Theorie darüber, was im Anderen und in einem selbst vorgeht.

Fonagy und Mitarbeiter definieren Mentalisierung daher als »Fähigkeit, das eigene Verhalten oder das Verhalten anderer Menschen durch Zuschreibung mentaler Zustände zu interpretieren«.[139] Sie nehmen an, dass es sich dabei um das Ergebnis eines psychosozialen Entwicklungsprozesses handelt, der eng an ein sicheres Bindungsmuster des Säuglings gebunden ist und bereits im ersten Lebensjahr beginnt.

---

137 Lorenzer A (1970b)
138 Leslie AM (2000)
139 Fonagy P, Gergely G, Jurist EL, Target M (2004)

Aktuelle Themen in der Psychoanalyse

Abb. 5.3: Peter Fonagy (geb. 1952 in Budapest) und Mary Target (jetzt Hepworth) haben mit ihrer Arbeitsgruppe die Theorie der Mentalisierung in die Psychoanalyse eingeführt. Beide sind Professoren für klinische Psychologie und Psychoanalyse, leiten gemeinsam die Psychoanalyse-Einheit des Londoner University College und lehren am Anna-Freud-Center.[140] (links: Courtesy of Peter Fonagy; rechts: Courtesy of Mary Target)

Wenn ich spontan jemandem die Hand reiche, wissen er und ich, dass ich die Absicht habe, ihn zu begrüßen. Die Selbstverständlichkeit, mit der wir auf diese Weise Verhalten bei uns und anderen verstehen, ist ein Ausdruck von Mentalisierung, einer spontanen, mehr oder weniger bewussten Zuschreibung von Motivationen und Befindlichkeiten.

---

140 Bei den jüngeren zeitgenössischen Persönlichkeiten verzichte ich auf die biografischen Vignetten.

> **Kasten 5.1: Begriffe zum Konzept der Mentalisierung**
>
> - **Symbolisierung**
>   Der Begriff wird in der Psychoanalyse in zwei Bedeutungen gebraucht:
>   – Entwicklungspsychologisch beschreibt er die Fähigkeit, leibliches und emotionales Erleben in Begriffen auszudrücken. Die Begriffe sind zumeist Worte, die mit individuellen und kollektiven Vorstellungen zu Wortsymbolen verbunden werden. Die Fähigkeit zur Symbolisierung entwickelt sich ab dem 2. Lebensjahr.
>   – In der psychoanalytischen Traumlehre beschreibt er die Darstellung des unbewussten Erlebens durch ein visuelles Zeichen, das ein Bedeutungsträger für einen latenten Inhalt des Traumes wird. So kann ein Automobil im Traum für das Selbst stehen (»Auto« ~ Selbst).
> - **Theory of Mind (ToM)**
>   Die ToM stammt aus der Kognitionspsychologie. Sie beschreibt die Fähigkeit, anderen Personen und sich selbst Gefühle und Gedanken zuzuschreiben und die eigenen von denen anderer zu unterscheiden.[141] Im Gegensatz zum Konzept der Mentalisierung wird die Entwicklung einer ToM als genetisch verankerter Reifungsschritt betrachtet. Sie entwickelt sich schon sehr früh, vermutlich ab dem Ende des ersten Lebensjahres, und wird später weiter ausdifferenziert.

Ein bedeutender Teil der komplexen Mentalisierungstheorie ist der Übergang vom nicht reflektierten Affekterleben hin zur Wahrnehmung eines mentalen Zustandes, über den man nachdenken kann. Indem der Affekt mit Gedanken verbunden (»begriffen«) wird, entsteht eine geistige Entsprechung des Erlebten. An die Stelle einer passiven Erfahrung tritt nun eine mentale Repräsentanz. Das ist der Kern der Mentalisierung, die traditionell in der Psychoanalyse als Symbolisierung[142] und im Zusam-

---
141 Premack D, Woodruff G. (1978)
142 Lorenzer A (1970b)

menhang mit psychosomatischen Prozessen als Desomatisierung[143] bezeichnet wurde. Dieser Vorgang ist nicht unbedingt an Worte gebunden und findet bereits vor dem Spracherwerb statt. Er wird durch Austauschprozesse zwischen dem Säugling und seinen Pflegepersonen vermittelt.[144]

Die Frage ist nun: Wie verändert sich das Erleben mit der Entwicklung der Fähigkeit zur Mentalisierung? Diese Frage ist von größter Bedeutung für das Verständnis des Unterschiedes zwischen basalen Persönlichkeitsstörungen und Neurosen. Die Antwort sehen Fonagy u. a. in der Unterscheidung zwischen zwei Modi des Erlebens, die grundsätzlich verschiedene mentale Funktionen beinhalten: In der Unterscheidung zwischen dem Als-ob-Modus und dem Äquivalenzmodus. Beide Modi stehen ab dem zweiten Lebensjahr nebeneinander und wechseln sich im Erleben ab. Erst mit etwa vier Jahren kommt es in der normalen Entwicklung zur Integration zum sog. reflektierenden Modus. Dieser Prozess verläuft parallel zu dem der Mentalisierung.

Der Als-ob-Modus

Im Als-ob-Modus realisiert das Kind, dass sein Spiel nicht Wirklichkeit ist. Es kann sich der Wirklichkeit bedienen und sich im Spiel von ihr lossagen. In diesem Modus spielt das kleine Mädchen, dass es selbst die Puppe sei, und hat doch immer die Ahnung, dass es nicht wirklich die Puppe ist.

In dieser Situation sind die Kommentare der Eltern von maßgeblicher Bedeutung. Sie sagen mit Blick auf das Stethoskop: »Ach, sie hat Wehweh am Herzchen – das wird morgen besser sein«, und interpretieren und beruhigen damit das Selbst des kleinen Mädchens.

In der Analyse begegnet der Analytiker dem Als-ob-Modus im Zustand der üblichen therapeutischen Regression, die für die Behandlung reiferer neurotischer Störungen erforderlich und hilfreich ist, um tieferliegende Konflikte in der Übertragung zu beleben und zugänglich zu machen. So bleibt bei einer Vaterübertragung doch immer eine Ahnung davon be-

---

143 Schur M (1955)
144 Affektspiegelungstheorie, vgl. Fonagy P, Gergely G, Jurist EL, Target M (2004)

5. Vorlesung Am Beginn des dritten Jahrtausends

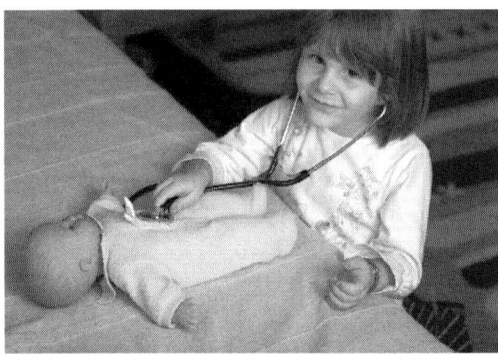

Abb. 5.4: Im Als-ob-Modus spielt das kleine Mädchen, dass es selbst die Puppe sei, und hat doch immer die Ahnung, dass es nicht wirklich die Puppe ist. (© Dragan Trifunovic/fotolia.com)

stehen, dass es der Analytiker ist, der erlebt wird, als *sei* er der Vater. Er repräsentiert den Vater – aber er *ist* es nicht. Die Übertragung bleibt Fiktion, geschaffen aus einer Projektion.

In diesem Modus kann sich die Deutung als das entfalten, als was sie gemeint ist: Als ein Kommentar. Der Als-ob-Modus ist also die Voraussetzung für einen deutenden Umgang mit der Übertragung.

Der Äquivalenzmodus

Im Äquivalenzmodus erlebt das Kind hingegen die Inhalte seiner Gedanken ganz konkretistisch als Realität. Wenn dieser Modus aktiv ist, ist eine Phantasie der Wirklichkeit äquivalent. Beim Betrachten einer Szene ruft der bloße Anblick eines gefährlichen bösen Tieres daher Angst und Fluchtimpulse hervor, als müsste man sich vor einem realen Angriff schützen.

In der normalen Entwicklung nehmen Eltern dazu eine doppelte Position ein: Einerseits beruhigen sie das Kind und schauen sich die bedrohliche Szene mit Gelassenheit an. Zugleich vermitteln sie durch ihre Haltung, dass es sich ja »nur um ein Spiel« handelt, das sie ohne Furcht betrachten können.

Aktuelle Themen in der Psychoanalyse

Abb. 5.5: Im Äquivalenzmodus erlebt man die Inhalte seiner Gedanken ganz konkretistisch. Der bloße Anblick eines bösen Tieres, hier im Puppenspiel, ruft daher Angst und Fluchtimpulse hervor. (© Giorgio Cossu)

Diese elterliche Funktion kann verinnerlicht werden. Wenn wir z. B. beim Anschauen eines Kriminalfilms in eine dissoziative Versunkenheit geraten und so involviert in die Handlung sind, dass wir in den Äquivalenzmodus regredieren und uns durch die Handlung bedroht fühlen, dann können wir uns selbst sagen: »Das ist doch nur Kino« – und wieder auftauchen.

Der Analytiker, der im Äquivalenzmodus die Übertragung eines strafenden Vaters erfährt, ist für den regredierten Patienten dermaßen bedrohlich, dass er sich tatsächlich vor ihm schützen muss und z. B. verstummt oder fernbleibt. Die Inhalte von Gedanken erhalten einen Realitätscharakter, als seien sie Wirklichkeit. Im Äquivalenzmodus wirkt die Deutung daher als Kritik, Herabsetzung oder Anweisung.

Das geschieht in einem Zustand tiefer Regression, insbesondere bei Patienten mit basalen Störungen. In solchen Zuständen sollte der Analytiker Deutungen vermeiden und sich aus der Übertragung herausnehmen und sie nicht bestärken. Ich sage dann zum Beispiel: »Ich merke, dass Sie meine Bemerkung als Kritik aufgenommen haben. Das tut mir leid, das wollte ich nicht. Können Sie mir das verzeihen?«

Sterns »Now Moments«

In diesem Zusammenhang erwähne ich Daniel Sterns[145] Konzept der Now Moments. Darunter versteht man Augenblicke besonderer affektiver Spannungen in der Analyse, in denen ganz spontan etwas Besonderes geschieht, wobei das konventionelle Rollenverständnis und die üblichen methodisch begründeten Verhaltensnormen kurzfristig suspendiert werden.

Stern konzipiert den analytischen Prozess als Abfolge von Mikroeinheiten, in denen es zu einer Überprüfung des Zusammenpassens kommt. Das geschieht zumeist unbemerkt auf der Ebene der nonverbalen Kommunikation. Implizit geht es dabei um Fragen wie: Bin ich willkommen? Passen wir zusammen? Hast Du Interesse an mir? Überfordere oder langweile ich dich?

In entspannten Situationen läuft dieser Prozess im Hintergrund des therapeutischen Dialoges mit. Wenn aber Störungen der basalen Bezogenheit entstehen, die die Beziehung in Frage stellen, rückt der unbewusste implizite Prozess in den Vordergrund und der Äquivalenzmodus wird aktiv. Dann geht es um die Unmittelbarkeit der Begegnung. Der Prozess kann stocken und ist oft nur noch durch eine Selbstenthüllung des Analytikers zu retten.

Diese Situationen nennt Stern »Now Moments«.[146] In diesen Situationen kommt es darauf an, dass der Analytiker eine angemessene Reaktion entwickelt. Das geschieht zumeist aus dem Augenblick heraus, wobei er seine gewohnte professionelle Zurückhaltung verlässt und durch eine spontane, intuitiv als passend empfundene, sehr persönliche Mitteilung aus der Gegenübertragung heraus den Kontakt zum Patienten wieder herstellt. Im klassischen Verständnis gelten solche Reaktionen meistens als »unanalytisch«.

Ich erinnere mich in diesem Sinne an eine Behandlung, in der mein Analysand spürte, dass es mir sehr schlecht ging, was ich durch eine formelle Korrektheit zu überdecken versuchte. Schließlich verstummte er in langem Schweigen, das ich mit den üblichen Interventionen und Nach-

---

145 Zu Daniel N. Stern vgl. 4. Vorlesung
146 Stern D (2005); Stern, D. et al (1998)

fragen nicht auflösen konnte. Es breitete sich eine bleierne, traurige Stimmung aus, die ich kaum ertragen konnte. Schließlich sagte ich ihm: »Ich glaube, Sie merken, dass es mir heute nicht gut geht.« Er sagte: »Ja – was ist mit Ihnen?« Und ich erzählte ihm, inzwischen den Tränen nah, dass ich einen schweren Verlust erlitten hatte. Daraufhin setzte er sich auf, sagte: »Das tut mir unendlich leid, ich möchte Sie gern trösten«, und verbrachte den Rest der Stunde damit, mich mit wärmenden Blicken anzuschauen.

Das Konzept der Now Moments ist alles andere als eine therapeutische Technik, die man gezielt einsetzen kann. So etwas geschieht, aber man muss es auch zulassen und ertragen. Ein solcher Augenblick besonderer Begegnung ist eine Situation, in welcher der Analytiker sich jenseits aller theoretischen Vorannahmen verwenden lässt, um seine Verfügbarkeit greifbar werden zu lassen. Dabei entsteht eine intensive Präsenz, eine Bezogenheit ohne jedes Wenn und Aber, die zu einer Umstrukturierung der prozeduralen Erlebniswelt beiträgt.

Psychoanalyse am Beginn des 21. Jahrhunderts

Mit diesem Blick auf aktuelle Themen sollte deutlich werden, dass der Umgang mit prämentalisierten, subsymbolischen und nonverbalen Prozessen und mit dem implizit-prozeduralen Modus der Beziehung heute besondere Aufmerksamkeit erfährt und unser Verständnis des analytischen Prozesses nachhaltig erweitert hat.

Das gilt vor allem für die Behandlung von basalen Störungen, die auf einer defizitären frühen Entwicklung und daraus abgeleiteten strukturellen Mängeln beruhen im Gegensatz zu reiferen Neurosen, die auf unverarbeitete, verdrängte Konflikte zurückgehen. Diese Gegenüberstellung von Strukturstörungen und Konfliktstörungen impliziert für viele Psychoanalytiker heute eine dichotome Behandlungstechnik.

- Strukturstörungen werden von vielen vornehmlich »strukturorientiert«[147] behandelt, d. h. der Schwerpunkt liegt in der Förderung der Nachreifung von Ich-Funktionen und Objektbeziehungen, der Differenzierung und Mentalisierung von Affekten und der Beachtung der implizit-prozeduralen Beziehungserfahrungen. Diese Behandlungen werden dadurch erschwert, dass die Patienten häufig in den Äquivalenzmodus regredieren, der es ihnen schwer macht, über sich und andere (die Absichten des Analytikers) nachzudenken. Insofern steht der nicht-deutende Umgang mit den Patienten hier häufig im Vordergrund.
- Für die Behandlung von Konfliktstörungen gilt im Prinzip nach wie vor die Freud'sche Konfliktanalyse, wobei in der Behandlungstechnik heute aktualgenetische Deutungen, d. h. die Bearbeitung des Gegenwarts-Unbewussten[148] im Hier und Jetzt, im Zentrum stehen. Diese Behandlungen fokussieren wie zu Zeiten Freuds auf den explizit-deklarativen Modus mentaler Funktionen und den Als-ob-Modus des Erlebens.

So nützlich diese Unterscheidung auch ist, sie sollte nicht darüber hinwegtäuschen, dass sich Inhalt und Prozess, Einsicht und Beziehung in den meisten Behandlungen ergänzen. Dabei stellt die Beziehungsregulation – d. h. der *Umgang* mit den Patienten und die *Handhabung* der therapeutischen Beziehung – nach heute überwiegender Auffassung den Kern der psychoanalytischen Methode und ihrer Wirkung dar und erscheint den meisten wichtiger als die korrekte Deutung. Denn immer dann, wenn es zu Irritationen in der therapeutischen Beziehung kommt, rücken die Beziehungsregulation und damit der prozedurale Übertragungsprozess in das Zentrum des Geschehens. Insofern stellen explizite und implizite Behandlungspraxis, wie ich die beiden Pole genannt habe,[149] in vielen Behandlungen über weite Strecken keine Alternative dar, sondern eine Ergänzung.

---

147 Rudolf G (2004)
148 Sandler J, Sandler AM (1984)
149 Ermann M (2005)

Wenn behandlungstechnisch die Beziehungsregulation im präverbalen Raum in den Vordergrund rückt, werden klassische Deutungen wirkungslos. Die unmittelbaren Reaktionen des Analytikers auf der emotionalen und auf der Handlungsebene treten dann in den Vordergrund. Sie müssen zum inneren Zustand des Patienten passen und diesen zutreffend beantworten.

Tab. 5.2: Psychoanalytische Behandlungstheorie früher und heute[150]

früher	heute
Verständnis des Behandlungsprozesses	
Psychische Realität wird im Kontext der äußeren (»objektiven«) Realität betrachtet. Ziel der Behandlung ist die Aufdeckung der »objektiven« (ggf. überformten) Vergangenheit.	Entscheidend ist die subjektive Realität, die im Selbst als solche erlebt wird und von Analysand und Analytiker gemeinsam konstruiert wird. Diese Realität ist nicht unbedingt eine Entdeckung vergangener Erfahrungen.
Behandlungsstrategie	
Ausformung einer regressiven Übertragungsneurose und deren Auflösung durch Deutung	Der Analytiker als Objekt der Neuerfahrung durch entwicklungsfördernden und empathischen Umgang in der therapeutischen Beziehung
Position des Analytikers	
Der Analytiker als unabhängiger Beobachter mit Entscheidungskompetenz darüber, was verzerrt (Übertragung) und was angemessen (Realität) ist. Dadurch werden Bedeutungen aufgedeckt und andere ausgeschlossen.	Die »antiautoritäte Position« des Analytikers: Gültig ist allein das Wissen zu einer bestimmten Zeit in Interaktion mit dem Analysanden. Es bleibt aber eine Paradoxie von Symmetrie und Asymmetrie in der Beziehung bestehen. → *Gefahr:* Die unabhängige Realität kann aus dem Blickfeld geraten

Tab. 5.2: Psychoanalytische Behandlungstheorie früher und heute – Fortsetzung

früher	heute
Therapeutische Haltung	
Abstinenz nach Vorgabe der Spiegelmetapher	Authentizität und Verfügbarkeit, ggf. mit selektiver Selbstenthüllung → *Gefahr:* Die Behandlung kann zur narzisstischen Bühne für den Analytiker werden
Bedeutung der Vergangenheit	
Aufdeckung der biografischen Vergangenheit führt zur Befreiung von deren Herrschaft	Aufhebung der determinierenden Macht der Vergangenheit, speziell des prozeduralen Beziehungswissens, durch Konzentration auf das Hier und Jetzt → *Gefahr* einer ahistorischen Beziehungsanalyse

Dazu ist die intersubjektive Sichtweise des analytischen Prozesses hilfreich. Sie erleichtert es dem Analytiker, seine oft schwer erträglichen prozeduralen Gegenübertragungsreaktionen als Teil eines gemeinsamen Prozesses anzuerkennen und für Introspektion und Empathie zu nutzen. Das macht ihn frei, mit dem Patienten zusammen für das gemeinsame Beziehungsgeschehen Begriffe zu finden und das Prozedurale damit auf eine deklarative Ebene zu heben. In dieser Arbeit liegt eine Veränderung der basalen Beziehungserfahrungen, die den Weg zu einem Neuanfang öffnet.

Die tabellarische Gegenüberstellung (▶ Tab. 5.2) der früheren und gegenwärtigen Behandlungstheorie soll diese Vorlesung abrunden. Sie betont den intersubjektivistischen Einfluss auf die Behandlungstechnik, der allerdings durchaus nicht von allen Psychoanalytikern geteilt wird. Nach wie vor beherrscht ein konzeptueller und methodischer Pluralismus das Feld[151]. Die Psychoanalyse ist weit davon entfernt, die verschiedenen

---

150 In Anlehnung an Fonagy P, Target M (2003)
151 Vgl. 1. Vorlesung

Strömungen und Schulrichtungen auf eine gemeinsame Basis gestellt zu haben.

Die Attraktivität der Psychoanalyse im 21. Jahrhundert[152]

Was macht die Psychoanalyse heute, im 21. Jahrhundert, attraktiv? Diese Frage erfordert eine grobe Standortbestimmung. Wo stehen wir heute? Heute – das meint: im Vergleich zu der Entstehungszeit der Psychoanalyse vor über hundert Jahren.

Damals war es die Doppelbödigkeit der josephinischen, viktorianischen und wilhelminischen Sexualmoral, die – wenn wir Freud folgen – den Kern der Neurosen ausmachte. Freud war der Meinung, dass die individuelle Neurose nur die Spitze des Phänomens markiert. Er glaubte, dass die Grundlinien des Gesellschaftsprozesses und die gesamte Kulturentwicklung letztlich auf der Verdrängung sexueller Motive im Ödipuskomplex beruhen.[153]

Immerhin bot die damalige Epoche in einer relativ kalten Gesellschaft, wie der amerikanische Soziologe George Herbert Mead[154] es nannte, mit verlässlichen Wertbindungen und überdauernden Lebensformen aber noch Orientierungspunkte. Sie ermöglichte Entwicklungen, die den Einzelnen erst in die Lage versetzten, ein Leiden an gesellschaftlichen Normen und in diesem Sinne ein Über-Ich zu entwickeln. Wenn wir die Psychopathologie aus der Sicht Freuds betrachten, dann können wir sagen: Damals war die Welt noch in Ordnung. Der Feind, an dem die Neurose sich entzündete, war das Über-Ich als Introjekt einer mächtigen Elternimago, die eine überdauernde Gesellschaftsordnung repräsentierte.

Das hat sich im Verlauf des letzten Jahrhunderts grundlegend gewandelt. Die Psychoanalyse selbst hat eine zweite Aufklärung eingeläutet. Sie ging weit über die sexuelle Revolution hinaus, die sie angezettelt hat. Ein

---
152 Aus dem Grußwort zum 60. Geburtstag von Wolfgang Mertens am 10.3.2003.
    Zuerst in Geuss-Mertens E (2007)
153 Trilogie I
154 Mead GH (1934)

neuer Rationalismus breitete sich aus. Im Zusammenwirken mit den Kapitulationen des Abendlandes vor dem Faschismus und mit dem überbordenden Neokapitalismus der Nachkriegszeit – beide sicherlich nicht von der Psychoanalyse zu verantworten! – lösten sich die traditionellen Orientierungen in der zweiten Hälfte des 20. Jahrhunderts immer mehr auf. Ein Über-Ich als Wächter über Grenzen, Moral und Ordnung, als Initiator von Schuld- und Schamgefühlen, kommt seither kaum mehr ernstlich für das Verständnis zeitgemäßer Pathologien in Betracht.

Psychopathologie bedeutet im Zeitalter der Struktur- und Persönlichkeitsstörungen vor allem Entgrenzung, Entpersönlichung und ein Leiden am Mangel an Intimität, an der Ungebundenheit und an der Veröffentlichung der Persönlichkeit. Wir leiden heute unter dem Verlust des Du, mit dem wir uns in der Dyade intim in gegenseitiger Spiegelung verbunden fühlen und unser Selbst finden. Und wo kein Du ist, da kann kein Wir, keine Beziehung und keine Gemeinschaft werden.

Hier gelangen wir über Freud hinaus, der Narzissmus noch als Nicht-Beziehung missverstand[155] und nicht die Beziehungssehnsucht mit ihren besonderen Äußerungsformen in der Übertragung erkannte. Wie wäre es denn sonst zu verstehen, wenn nicht als Sehnsucht nach dem Selbst im anderen, dass der einzelne sich in Selbstverletzung, Perversion und Sucht von sich distanziert, um sich zu finden?

Die Herausforderung der Psychoanalyse ist vor diesem Hintergrund ihre Methodik der Bezogenheit, Bezugnahme und Einfühlung. Indem sie auf diese Weise heute wie damals die inneren Zustände des Anderen erschließt, bietet sie eine Alternative zu moderner Unbezogenheit. Diese Methode der Einfühlung hat sie im Laufe ihrer hundert Jahre verfeinert – über die Entdeckung der Verdrängung, des Widerstandes, der Übertragung, des Übertragungswiderstandes, der Gegenübertragung und der projektiven Identifikation bis hin zur Intersubjektivität und Relationalität. Ursprünglich erschloss sie die Konflikte inzestuöser Übertragungsphantasien und die Folgen sexueller Traumatisierung. Heute macht sie die Analytikerin und den Analytiker zu Teilhabern an unbegreiflichen und unbegriffenen Beziehungserfahrungen und Bindungszerstörungen. Diese Teilhabe, ihre Reflexion und Metabolisierung ist der Auftrag an die Psy-

---

155 Freud S (1915c)

choanalyse im 21. Jahrhundert – als Basis ihres Gesellschafts- und Menschenbildes, als Methode und als Movens ihrer Therapie. Ihre Botschaft ist vom Prinzip her zeitlos – und darin liegt ihre Attraktivität.

Anhang

Abkürzungen

DPG – Deutsche Psychoanalytische Gesellschaft
DPV – Deutsche Psychoanalytische Vereinigung
IPV – Internationale Psychoanalytische Vereinigung, englisch: IPA

Literaturempfehlungen

Bohleber W (2012) Was Psychoanalyse heute leistet. Klett-Cotta, Stuttgart
Eagle MN (1984) Neuere Entwicklungen in der Psychoanalyse. Verlag Internat. Psychoanalyse, München 1988
Ermann M (2006) (Hg) Was Freud noch nicht wusste. Neues über Psychoanalyse. Brandes + Apsel, Frankfurt a. M.
Fonagy P, Target M (2003) Psychoanalyse und die Psychopathologie der Entwicklung. Klett-Cotta, Stuttgart
Mertens W (2009) Psychoanalytische Erkenntnishaltungen und Interventionen. Kohlhammer, Stuttgart
Zaretsky E (2006) Freuds Jahrhundert. Die Geschichte der Psychoanalyse. Zsolnay, Wien

Literatur

Aichhorn A (1936) Zur Technik der Erziehungsberatung. Z psychoanal Pädagogik 10: 3–74
Akhtar S, Thomson JA (1982) Overview: Narcissistic Personality Disorder. Am J Psychiatry 139: 12–20
Argelander H (1970) Die szenische Funktion des Ichs und ihr Anteil an der Symptom- und Charakterbildung. Psyche 24: 325–345
Argelander H (1972) Der Flieger. Suhrkamp, Frankfurt a. M.
Balint M (1949) Wandlungen der therapeutischen Ziele und Techniken in der Psychoanalyse. Deutsch in ders.: Urformen der Liebe und die Technik der Psychoanalyse. Klett, Stuttgart, Seite 255–271
Balint M (1968) Therapeutische Aspekte der Regression. Klett, Stuttgart 1970
Bauriedl T (1980) Beziehungsanalyse. Suhrkamp, Frankfurt a. M.
Bucci W (1997) Psychoanalysis and cognitive science. A multiple code theory. Guildford, New York
Buchholz M (2003). Vorwort zur deutschen Ausgabe von Mitchells »Bindung und Beziehung«, Psychosozial-Verlag, Gießen
Clarkin J, Yeomans F, Kernberg O (2000) Psychotherapie der Borderline-Persönlichkeit. Manual der Psychodynamischen Therapie. Schattauer, Stuttgart
Cohen LS, Squire R (1980) Preserved learning and retention of pattern skill in amnesia: Dissociation of »knowing how« and »knowing that«. Science 210: 207–210
Dornes M (1993) Der kompetente Säugling. Fischer, Frankfurt a. M.
Dornes M (1998) Bindungstheorie und Psychoanalyse. Psyche 52: 299–348
Dornes M (2000) Die emotionale Welt des Kindes. Fischer, Frankfurt a. M.
Eike H (Hg) Die Psychologie des 20. Jahrhunderts. Kindler, München 1980
Erikson EH (1950) Kindheit und Gesellschaft. Deutsch: Klett, Stuttgart 1957
Ermann M (1984) Von der Psychodynamik zur Interaktion des Widerstandes. Prax Psychother Psychosom 29: 61–70.
Ermann M (1987) Behandlungskrisen und die Widerstände des Psychoanalytikers. Bemerkungen zum Gegenübertragungswiderstand. Forum Psychoanal 3: 100–111

Ermann M (1993) Übertragungsdeutung als Beziehungsarbeit. In: Ermann M (Hg) Die hilfreiche Beziehung in der Psychoanalyse. Vandenhoeck und Ruprecht, Göttingen, Seite 50–67

Ermann M (1996) Psychoanalyse und die Therapie der kurzen Zeit. In: Hennig H, Fikentscher E, Bahrke U, Rosendahl W (Hg) Kurz-Psychotherapie in Theorie und Praxis. Pabst, Lengerich Berlin usw. 1996, Seite 70–79

Ermann M (2005) Explizite und implizite psychoanalytische Behandlungspraxis. Forum Psychoanal 21: 3–13

Ermann M (2007) Psychosomatische Medizin und Psychotherapie, 8. Aufl., Kohlhammer, Stuttgart 2024

Ermann M (2008a): Erinnern, Gedächtnis, Psychoanalyse. Prozedurale und deklarative Modi des Erlebens. Psychotherapeut 53: 380–386

Ermann M (2008b) Freud und die Psychoanalyse. Kohlhammer, Stuttgart

Ermann M (2009a) Editorial »25 Jahre Forum der Psychoanalyse«. Forum Psa 25: 299–303

Ermann M (2009b) Psychoanalyse in den Jahren nach Freud. Kohlhammer, Stuttgart

Fairbairn WRD (2000) Das Selbst und die inneren Objektbeziehungen. Psychosozial-Verlag, Gießen

Ferro A (2003) Das bipersonale Feld. Psychosozial, Gießen. – (2008) Die Transformation. Forum Psychoanal 24: 217–228

Fonagy P (2001) Bindungstheorie und Psychoanalyse. Deutsch: Klett-Cotta, Stuttgart 2003

Fonagy P, Gergely G, Jurist EL, Target M (2004) Affektregulierung, Mentalisierung und die Entwicklung des Selbst. Dt.: Klett-Cotta, Stuttgart

Fonagy P, Target M (2003) Psychoanalyse und die Psychopathologie der Entwicklung. Klett-Cotta, Stuttgart

Freud S (1914d) Zur Einführung des Narzißmus. G.W. X, 138–170

Freud S (1915a) Bemerkungen zur Übertragungsliebe, GW Bd. X

Freud S (1915b) Triebe und Triebschicksale, GW Bd X

Freud S (1915c) Zur Einführung des Narzissmus. GW Bd 10

Freud S (1916/17) Vorlesung zur Einführung in die Psychoanalyse, Bd XI, insbesondere 27. Vorlesung, Seite 462–465

Freud S (1930) Totem und Tabu. GW Bd IX

Freud S (1950): Aus den Anfängen der Psychoanalyse, Briefe an Wilhelm Fließ. Fischer, Frankfurt a. M.

Freud A (1954) Der wachsende Indikationsbereich der Psychoanalyse. Dt. in: Die Schriften der Anna Freud. Kindler, München, Bd. V

Fürstenau P (1977) Die beiden Dimensionen des psychoanalytischen Umgangs mit strukturell ich-gestörten Patienten. Psyche 31: 197–207

Georges et al (1996) in Fonagy P (2001) Bindungstheorie und Psychoanalyse. Deutsch: Klett-Cotta, Stuttgart 2003

Geuss-Mertens E (2007) (Hg) Eine Psychoanalyse für das 21. Jahrhundert. Kohlhammer, Stuttgart, Seite 30–32
Gill MM (1979) Die Analyse der Übertragung (1979). Forum Psychoanal 9 (1993) 46–61.
Green A (1993) Die tote Mutter. Psyche 47: 205–240.
Grünbaum A (1984) Die Grundlagen der Psychoanalyse: eine philosophische Kritik. Reclam, Stuttgart 1988
Hartmann H (1939) Ichpsychologie und das Anpassungsproblem. Psyche 14: 81–164 (1960)
Heigl-Evers A, Heigl F (1973) Gruppenpsychotherapie: interaktionell, tiefenpsychologisch orientiert, psychoanalytisch. Gruppenpsychother Gruppendyn 7: 132–157.
Heigl-Evers A, Heigl F (1988) Das interaktionelle Prinzip in der Einzel- und Gruppenpsychotherapie. Zsch psychosom Med 29: 1–14
Heimann P (1950) Über Gegenübertragung. Forum der Psychoanalyse 12 (1996) 179–184.
Heisterkamp G (2004) Enactments: Basale Formen des Verstehens. In: Psychoanalyse & Körper 5: 103–130
Hennig H, Fikentscher E, Bahrke U, Rosendahl W (Hg) Kurz-Psychotherapie in Theorie und Praxis. Pabst, Lengerich Berlin usw. 1996, Seite 70–79
Jacobson E (1964) Das Selbst und die Welt der Objekte. Deutsch: Suhrkamp, Frankfurt a. M. 1973
Kandel ER (2006) Auf der Suche nach dem Gedächtnis. Die Entstehung einer neuen Wissenschaft des Geistes. Siedler, München
Körner J (1985) Vom Erklären zum Verstehen. Vandenhoeck & Ruprecht, Göttingen
Körner J (1989) Arbeit an der Übertragung? Arbeit in der Übertragung! Forum Psychoanal 5: 209–223
Kohut H (1969) Die psychoanalytische Behandlung narzisstischer Persönlichkeitsstörungen. Psyche 23: 321–348
Kohut H (1971) Narzissmus: Deutsch: Suhrkamp, Frankfurt a. M. 1973
Kohut H (1977) Die Heilung des Selbst. Deutsch: Suhrkamp, Frankfurt a. M. 1978
Kohut H (1984) Wie heilt Psychoanalyse? Deutsch: Suhrkamp, Frankfurt a. M. 1991
Kohut H, Wolf ES (1978) Die Störungen des Selbst und ihre Behandlung. In: Eike H (Hg) Die Psychologie des 20. Jahrhunderts. Kindler, München 1980
Kernberg OF (1975) Borderline-Störungen und pathologischer Narzissmus. Suhrkamp, Frankfurt a. M. 1978
Kernberg OF (1984) Schwere Persönlichkeitsstörungen. Klett-Cotta, Stuttgart
Klüwer R (1983) Agieren und Mitagieren. Psyche 37: 826–837
Koukkou M, Leuzinger-Bohleber A, Mertens W (Hg) (1998) Erinnerung und Wirklichkeiten. Psychoanalyse und Neurowissenschaften im Dialog. Bd 1.
Köhler L (1998) Anwendungen der Bindungstheorie in der psychoanalytischen Praxis. Psyche 52: 369–397.

Köhler L (2007) Psychoanalyse und menschliche Entwicklung. In: Ermann M (Hg) Was Freud noch nicht wusste. Brandes und Apsel, Frankfurt a. M.
Körner J (1985) Vom Erklären zum Verstehen. Vandenhoeck und Ruprecht, Göttingen
Körner J (1990) Arbeit in der Übertragung? Arbeit an der Übertragung! Forum der Psychoanalyse 5: 209–223
Körner J (1991) Übertragung – Gegenübertragung, eine Einheit im Widerspruch. Forum der Psychoanalyse 6: 87–104
Lane, R. (2000). Neural correlates of conscious emotional experience. In: Lane, R. et al (Ed) Cognitive Neuroscience of Emotion. Oxford University Press, New York, pp. 345–370
Leslie AM (2000) »Theory of Mind« as a mechanism of selective attention. In: M. S. Gazzangia MS (Ed) The New Cognitive Neurosciences. The MIT Ress, Cambridge, Mass, Seite 1235–1247
Leuzinger-Bohleber M, Mertens W, Koukkou M (Hg) (1999) Erinnerung von Wirklichkeiten. Bd 2. Verlag Internationale Psychoanalyse, Stuttgart
Lockot R (1991): Die Nachwirkungen des Nationalsozialismus auf Gruppenbildungen der psychoanalytischen Organisation in Deutschland (1945–1951). Luzifer-Amor 4: 51–77
Loewald P (1980) Psychoanalyse. Aufsätze 1951–1979. Deutsch: Klett-Cotta, Stuttgart 1986.
Lorenzer A (1970a) Sprachzerstörung und Rekonstruktion. Suhrkamp, Frankfurt a. M.
Lorenzer A (1970b) Symbol, Verdrängung und unbewusste Inhalte. In: Ders.: Kritik des psychoanalytischen Symbolbegriffs. Suhrkamp, Frankfurt a. M.
Lorenzer A (1974) Die Wahrheit der psychoanalytischen Erkenntnis. Suhrkamp, Frankfurt a. M.
Mahler M, Pine F, Bergmann A (1975) Die psychische Geburt des Menschen. Deutsch: Fischer, Frankfurt a. M. 1978
Mary D. Salter Ainsworth, E. Waters, S. Wall (1978): Patterns of attachment. Erlbaum, Hilsdale (Mass)
Mead GH (1934) Geist, Identität und Gesellschaft. Suhrkamp, Frankfurt a. M. 1973
Mertens W (2009) Psychoanalytische Erkenntnishaltungen und Interventionen. Kohlhammer, Stuttgart
Mitchell SA (1988) Relational Concepts in Psychoanalysis. Harvard University Press, Cambridge (MA)
Mitchell SA (2000) Bindung und Beziehung. Psychosozial, Gießen 2003
Mitchell SA, Greenberg JR (1983) Object Relations in Psychoanalytic Theory. Harvard Univ Press, Cambridge (Mass)
Moser T (1974) Lehrjahre auf der Couch. Fischer, Frankfurt a. M.
Möller HJ, Kapfhammer P (Hg) Psychiatrie und Psychotherapie. Springer, Berlin etc.

Premack D, Woodruff G. (1978) Does the chipmanzee have a theory of mind? Behavioral & Brain Sciences: 515–526

Reich K (1998) Die Ordnung der Blicke. Beziehungen und Lebenswelt. Luchterhand, Neuwied

Reich W (1930) Die Sexuelle Revolution. Zur charakterlichen Selbststeuerung des Menschen. Neuauflage Europäische Verlagsanstalt, Frankfurt a. M. 1966

Reich W (1933) Massenpsychologie des Faschismus. Neuauflage Kiepenheuer & Witsch, Köln 1986

Richter HE (1968) Eltern, Kind und Neurose. Rowohlt, Reinbek

Richter HE (1970) Patient Familie. Entstehung, Struktur und Therapie von Konflikten in Ehe und Familie. Rowohlt, Reinbek

Richter HE (1972) Die Gruppe. Hoffnung auf einen neuen Weg, sich selbst und andere zu befreien. Rowohlt, Reinbek

Richter HE (1974) Lernziel Solidarität. Rowohlt, Reinbek

Rogers, C (1980) Der neue Mensch. Deutsch: Klett-Cotta, Stuttgart 1981

Rudolf G (2004) Strukturbezogene Psychotherapie. Schattauer, Stuttgart

Sandler J (1976) Gegenübertragung und die Bereitschaft zur Rollenübernahme. Psyche 30: 297–305.

Sandler J, Sandler AM (1984) Vergangenheits-Unbewusstes, Gegenwarts-Unbewusstes und die Deutung der Übertragung. Psyche 39 (1985): 800–829

Schur M (1955) Zur Metapsychologie der Somatisierung. Dt in: Brede K (Hg) Einführung in die psychosomatische Medizin. Fischer-Athenäum, Frankfurt a. M.

Spitz R (1965) Vom Säugling zum Kleinkind. Deutsch: Klett, Stuttgart 1968

Stern D (1985) Die Lebenserfahrung des Säuglings. Deutsch: Klett-Cotta 1992

Stern D (2005) Der Gegenwartsmoment. Brandes & Apsel, Frankfurt a. M.

Stern, D. et al (1998) Nicht-deutende Mechanismen in der psychoanalytischen Therapie. Das »Etwas-Mehr« als Deutung. In: Psyche 56 (2002) 974–1006.

Stolorow RD, Atwood GE (1979) The faces in a cloud. Aronson, New York

Stolorow RD, Bandchaft B, Atwood GE (1987) Psychoanalytische Behandlung. Ein intersubjektiver Ansatz. Fischer, Frankfurt a. M.

Streeck U (2009) Gestik und die therapeutische Beziehung. Kohlhammer, Stuttgart

Strozier CB (2001) Heinz Kohut. The making of a psychoanalytic world. Farrer, Strauss & Giroux, New York

Töpfer N (2023) Evidenzbasierung der psychodynamischen Psychotherapie. Forum Psychoanal 39: 370–392.

Waldvogel B, Ermann M (2006) Wirkungsnachweise psychodynamischer Psychotherapie. In: Möller HJ, Kapfhammer P (Hg) Psychiatrie und Psychotherapie. Springer, Berlin etc.

Wallerstein RS (1988) Eine Psychoanalyse oder viele? Z psychoanal Theorie und Praxis 4 (1989): 126–153

Will H (2001) Die Handhabung der Übertragung. Forum Psa 17: 207–234

Winnicott DW (1967) Die Spiegelfunktion der Mutter und der Familie in der Entwicklung des Kindes. In: Vom Spiel zur Kreativität, deutsch Klett, Stuttgart 1973

Winnicott DW (1969) Objektverwendung und Identifizierung. In: Vom Spiel zur Kreativität. Klett, Stuttgart 1973

Stichwortverzeichnis

1

1968   16, 17, 23

A

Abstinenzkonzept   68
Agieren   83
Als-ob-Modus   123, 124, 128
Antwort, Prinzip   77
Äquivalenzmodus   123–126, 128
Attunement   109
Ausbildung, psychoanalytische   36

B

Behandlung
– implizite   117
– intersubjektivistische Sicht   67
– relationaler Ansatz   76
Behandlungstechnik, dichotome   127
Behandlungstheorie
– früher und heute   130
Beziehung
– Umgang mit   109, 128
Beziehungsanalyse   84
Beziehungsfeld   73
Beziehungsregulation   98, 101, 129
Bindung   101
Bindungsforschung, Befunde   104
Bindungsqualität, Typen   105

Bindungsstil   106
Bindungstheorie   85, 101, 102, 104
Bindungsverhalten   105
Borderline   87, 95, 100
Borderline-Pathologie   55, 57, 59

D

Depression, anaklitische   88
Desomatisierung   123
Deutsche Psychoanalytische Gesellschaft   22, 26, 28, 33
Deutsche Psychoanalytische Vereinigung   22, 26
Deutschland   15, 20, 22, 24, 28
Deutung   128, 129

E

Elternimago, idealisierte   45
Empathie   43, 48, 53, 68, 109, 130
Enactment   83, 110
Entwicklungspathologie   56
Entwicklungstheorie   85
– klassische psychoanalytische   85, 100

Stichwortverzeichnis

F

Familientherapie 24, 84
Feinfühligkeit 105–107
Fremde Situation 102, 104–106
Freud-Bashing 16, 35

G

Gedächtnis 111
- Entstehung 113
- explizit-deklaratives 111
- implizit-prozedurales 112
- Inhaltsgedächtnis 113
- Modi 114
- Prozessgedächtnis 113
- Zwei Arten von 115
Gedächtnisforschung 21, 70, 111, 113
Gegenübertragung 80, 81, 83, 132
- prozedurale 110, 130
- selektive Mitteilung 77
Größenselbst 45, 47, 57, 59
Gruppenbewegung 24, 29
Gruppenpsychotherapie, interaktionelle 32

H

Handlungsdialog 82, 83
Hirnreifung 118
Hirnrinde 118

I

Ich-Psychologie 15, 37, 53, 71, 91
Ich, szenische Funktion 82
Identifikation, projektive 101, 132
Identität 86
Individuationsprozess 91
Inszenierung 68, 76, 82, 83

Internationale Psychoanalytische Universität 26
Internationale Psychoanalytische Vereinigung 22, 26, 28, 39, 55
Intersubjektivismus 62, 64, 69, 70
- Kritik 69
Intersubjektivität 19, 40, 61–63, 67, 132
Introspektion Siehe Empathie 48

K

Kernberg
- Bewertung 59
- integratives Modell 54
- Narzissmus, Behandlung 59
- Narzissmus Siehe auch Narzissmus 57
- Persönlichkeitsorganisation 56
Kinderanalyse 86, 87
Kohut
- Beitrag zur Psychoanalyse 40
- Bewertung 51
- Narzissmus 41
- Narzissmus, Behandlung 48
Ko-Konstruktion 63, 73
Konfliktanalyse 70
Konfliktstörung 127

L

Limbisches System 118

M

Matrix, relationale 73
Mentalisierung 108, 114, 118–121, 123
Mentalisierungs-Theorie 120
Mitgestalter

- Der Psychoanalytiker als 76, 82, 101
Modell, relationales 72
Modus
- implizit-prozeduraler 70, 127
- prozeduraler 70
- reflektierender 123
Motivation 74
Mutter-Kind-Beziehung 87

N

Narzissmus 41, 43, 87, 132
- Behandlung 95
- Behandlung bei Kohut 48
- Behandlung nach Kernberg 59
- gesunder 45
- maligner 57
- Neuformulierung des 41
- Strukturniveau 57
Narzissmus, Behandlung 49
Narzissmus, Übertragung 49
Nationalsozialismus 15, 20, 22
Neid 57, 59
Neopsychoanalyse 15
Neurobiologie 118–120
Normalpsychologie 13, 86
Now Moment 126, 127

O

Objektbeziehungstheorie 15, 53, 62, 71, 84
Ödipuskomplex 86, 131
- Neubewertung 46
Organisator 88
Österreich 15, 20

P

Persönlichkeitsorganisation, Modell nach Kernberg 54
Persönlichkeitsstörung 69, 70, 116, 125, 127, 132
- narzisstische 46
Phase
- Frühentwicklung 93
Phase, autistische 87
Pluralismus 18
prozedural Siehe Modus 70
Prozess, intersubjektive Sicht 130
Psychoanalyse
- im 21. Jh. 131
- relationale 71, 72, 75, 76, 79
Psychologie, akademische 35
Psychose 15, 43
Psychosomatik 15
Psychotherapeutengesetz 35
Psychotherapie-Richtlinien 24

R

Relationale Psychoanalyse, Bewertung 78

S

Säugling, kompetenter 98
Säuglingsforschung 85, 87, 88, 95, 98, 99
Selbst 37, 39, 40, 132
- Entstehung 63
- Entwicklung 43, 91, 98
- reflexives 43
Selbst, bipolares 45
Selbstenthüllung 77
Selbsterleben
- Keim 101
- Organisation 67
- Organisation, intersubjektive 62

Selbstobjekt 45
Selbstpsychologie 37, 38, 40, 41, 51–53
- Begriffe 42
- Wurzel für die Intersubjektivität 62
Sigmund-Freud-Institut 24
Situation, psychoanalytische 108
Spiegeln 43, 113
Strukturstörung 31, 127, 132
Symbiose 92
Symbolisierung 114, 122
Szene 82

T

Teilobjekt 100
Theorie, interpersonelle 71
Theory of Mind 120
Trieb 74
Triebpsychologie 20, 38, 86

U

Übertragung 41, 84, 132
- als zirkulärer Prozess 80

- Arbeit in der Übertragung 83
- Eigenübertragung 80
- episodische 116
- narzisstische 49
- prozedurale 116
Unbewusstes 13
Universität 24, 35

V

Verblassen der Neopsychoanalyse 33
Verhaltenstherapie 35
Versorgung 24
Verstehen, szenisches 82, 83

W

Wissenschaft, Doppelgesicht der Psychoanalyse 21

Z

Zwei-Personen-Psychologie 19

Personenverzeichnis

A

Adler, A. 14
Ainsworth, M. 102, 103, 105
Argelander, H. 31, 82
Atwood, G. 62, 63, 66, 69

B

Balint, M. 19, 33, 52, 116
Bauriedl, Th. 84
Bebee, B. 69
Benjamin, J. 69
Bergman, A. 91, 93
Binswanger, L. 15
Bowlby, J. 102, 104–106
Brandchaft, B. 69
Buchholz, M. 76

D

Dornes, M. 95, 99, 102, 107

E

Erikson, E. 54

F

Fonagy, P. 34, 60, 79, 107, 120, 123
Freud, S. 13, 18, 131
Fürstenau, P. 31, 32

G

Greenberg, J. R. 71, 75
Grünbaum, A. 16

H

Hartmann, H. 37, 42
Heigl-Evers, A. 31, 32, 77
Heigl, F. 31, 32, 77
Heimann, P. 80

J

Jacobson, E. 54
Jung, C. G. 14, 15, 63

K

Kernberg, O. 53–55, 57, 59, 60, 69
Klein, M. 53, 86, 87, 102
Klüwer, R. 83
Köhler, L. 90

Kohut, H. 31, 37, 38, 40–43, 45, 46, 48, 51–53, 59, 62, 82
Körner, J. 80
Kuhn, T. S. 16

L

Lachmann, F. 69
Loewald, H. 73
Lorenzer, A. 82

M

Mahler, M. 54, 88, 90, 91, 93–95
Mead, G. H. 65, 131
Mertens, W. 69
Milner, B. 111, 112
Mitchell, S.A. 69, 71–75, 77–79, 98
Mitscherlich, A. 31

O

Orange, D. M. 69

P

Pine, F. 91, 93
Popper, K. 16

R

Reich, W. 16, 23, 66
Richter, H.-E. 24, 28, 30
Rogers, C. 53

S

Sandler, J. und A. 80
Schultz-Hencke, H. 22, 26, 33
Schwidder, W. 31
Spitz, R. 53, 88
Stern, D. 69, 95–98, 115, 126
Stolorow, R. 62, 63, 66, 69
Streeck, U. 83
Sullivan, H. S. 18, 71–73, 75

T

Target, M. 60, 79, 120
Trevarthen, C. 69

W

Wallerstein, R. 20
Winnicott, D.W. 33, 52, 117